GUANGZHOU YANJIU

广州研究

· 2015 ·

主　编：郭　凡　蔡国萱

副主编：杜家元　陈　剑
编　辑：易卫华　禹　静　叶丛梅　李永祥

中山大学出版社
SUN YAT-SEN UNIVERSITY PRESS
·广州·

版权所有　翻印必究

图书在版编目（CIP）数据

广州研究.2015/郭凡，蔡国萱主编.—广州：中山大学出版社，2017.3
ISBN 978-7-306-05985-7

Ⅰ.①广…　Ⅱ.①郭…②蔡…　Ⅲ.①广州市—概况—2015　Ⅳ.①K926.51

中国版本图书馆 CIP 数据核字（2017）第 019160 号

出版人：	徐　劲
策划编辑：	金继伟
责任编辑：	杨文泉
封面设计：	林绵华
责任校对：	谢贞静
责任技编：	何雅涛
出版发行：	中山大学出版社
电　　话：	编辑部 020-84110771，84110283，84111997，84110779
	发行部 020-84111998，84111981，84111160
地　　址：	广州市新港西路 135 号
邮　　编：	510275　　传　真：020-84036565
网　　址：	http://www.zsup.com.cn　E-mail:zdcbs@mail.sysu.edu.cn
印刷者：	虎彩印艺股份有限公司
规　　格：	787mm×1092mm　1/16　10.5 印张　200 千字
版次印次：	2017 年 3 月第 1 版　2017 年 3 月第 1 次印刷
定　　价：	45.00 元

如发现本书因印装质量影响阅读，请与出版社发行部联系调换

编委会

主　编：郭　凡　蔡国萱
副主编：杜家元　陈　剑
编　辑：易卫华　禹　静　叶丛梅　李永祥

前　言

古人云："所贵圣人之治，不贵其独治，贵其能与众共治。"在事关经济社会发展等重要决策方面，广泛听取各方面专家学者意见并使之制度化，是习近平总书记带头倡导的新执政方式。习总书记多次做出重要批示，要求加强中国特色智库建设，建立健全决策咨询制度。2015年1月，中共中央办公厅、国务院办公厅联合印发《关于加强中国特色新型智库建设的意见》，强调地方社科院"为地方党委和政府决策服务，有条件的要为中央有关部门提供决策咨询服务"。

作为一线城市的新型智库机构，广州社会科学院一直秉承"为广州市委、市政府提供高质量的决策咨询服务，为地方社会经济发展提出有效的对策建议，推进民主决策、科学决策和依法决策"理念，并用以指导各项研究工作。

2015年是广州"十二五"规划的收官之年，也是"十三五"规划的布局之年，承上启下，辞旧迎新。中共广州市委、市政府主动适应经济发展新常态，积极应对经济下行的挑战，全力、全面实施"稳增长、调结构、促改革、惠民生"。我院围绕市委、市政府的中心工作及改革发展中热点问抛，组织院内外专家学者深入基层、深入一线调研，潜心研究，及时形成研究成果并上报，为决策部门建言献策，认真履行"聚智咨政、谏言参与、传承创新"职能。一年来，我院完成了一系列省、市领导交办课题，有30多项研究成果获得了省、市主要领导的批示。

本书选录了我院2015年度部分决策咨询类研究成果。这些研究成果具有共同的特征，即坚持问题导向，深刻分析广州经济社会等各领域的发展规律及趋势，致力于回答改革发展进程中难题，力图为各决策部门提供决策参考意见。当然，我们的研究成果也对企业、居民等各类主体的行为决策有参考价值。

"合抱之木，生于毫末；九层之台，起于累土"。广州研究不是一蹴而就。我们正一点一滴、一步一个脚印，努力为广州研究添砖加瓦。希望读者阅读后能多提宝贵意见，对我们的研究有所裨益。

编　者

目　录

经　济　篇

从新华·波罗的海国际航运中心发展指数看广州的努力方向 / 2
新常态下广州以创新驱动产业升级的路径与对策研究 / 12
广州打造中国跨境电子商务中心的探讨 / 32
打造"千亿级"广汽自主品牌乘用车产业集群面临的主要问题和对策 / 40

社会文化篇

广州市城市道路开挖的对策研究 / 54
依法治国背景下的广州经济法治化研究 / 78
发达国家网络安全战略的特点及对广州的启示 / 91
广州市治安形势分析与对策建议 / 102
新时期广州对外交往工作的思考与建议 / 134
经济新常态下加强文化建设推进融合带动都市发展研究 / 138

经 济 篇

从新华·波罗的海国际航运中心
发展指数看广州的努力方向

  新华·波罗的海国际航运中心发展指数（简称发展指数）是新华通讯社联合波罗的海交易所共同编制及发布的，该发展指数由3个一级指标和18个二级指标构成。该指数尽管还存在指标不够全面、权重赋值待优化等不足之处，但基本反映一定时期内港口型国际航运中心发展的现状和实力。依据不久前公布的2015年新华·波罗的海国际航运中心发展指数评价结果，广州的发展指数在全球46个港口城市中排第28位，属国际航运中心的第二梯队及"准全球型"航运中心。总体来说，广州在全球国际航运中心的排位偏低，与全球先进的国际航运中心存在不少差距，面临航运服务业发展滞后、航运综合环境不完善、港口条件有待优化提升、航运资源开发利用比较分散、与空陆港联动发展不足等五大短板。为此，我们认为，广州建设国际航运中心应以伦敦、新加坡、上海、汉堡等先进国际航运中心为标杆，着力聚集国际国内高端航运资源，加快促进以航运服务为主的航运产业大发展，拓展国际海空航线为支撑的国际航运物流大网络，深化国际贸易"单一窗口"建设促进航运环境大提升，强化协调整合促进航运资源利用大优化，依托海空并举促进"五港"大联动，争取省和国家支持把广州航运中心建设上升为国家战略，努力把广州建设成为立足泛珠三角、服务全国和影响"一带一路"及世界的国际航运中心，并为广州加快迈入全球"国际型"航运中心的第一梯队奠定坚实基础。

一、全球国际航运中心发展指数及广州的排位情况

1. 发展指数构成：3个一级指标及18个二级指标

  2014年，新华通讯社联合波罗的海交易所，首次向全球推出了新华·波罗的海国际航运中心发展指数。该发展指数指标体系包含港口条件、航运服务和综合环境3个一级指标和集装箱吞吐量、航运经纪服务、航运金融服务、政府透明度、营商便利指数等18个二级指标（图1）。发展指数指标体系经过专家认证，二级指标数据主要来源于波罗的海交易所、德鲁里、世界银行、世界经济论坛等

权威机构。2015年的国际航运中心发展指数指标框架对2014年的部分二级指标进行了微调：一是将航运服务子指数的海事仲裁服务拓展为海事法律服务，分别从海事仲裁服务和律师事务所合伙人数量两个维度评测海事法律服务整体水平；二是将航运服务子指数中航运保险服务延伸为航运金融服务，通过船舶融资、资金结算、航运保险和航运金融衍生品四个层面，探析国际航运中心金融服务水平。

该发展指数既考虑港口城市核心指标的数据标准，又吸收航运管理部门、航运企业、高等院校及航运专家的专业评价意见，对指标体系进行不断完善；具体指标采集以定量指标为主，部分难以定量的指标通过定性赋值获取。该发展指数尽管还存在指标不够全面、权重体系不够完善和部分数据不翔实等不足之处，但比较简明直观、全面公正地反映一定时期内港口型国际航运中心发展水平、状态及港口城市综合实力。

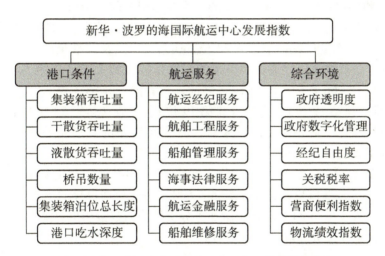

图1 新华·波罗的海国际航运中心发展指数指标框架
资料来源：《新华·波罗的海国际航运中心发展指数报告（2015）》

2. 发展指数整体情况：分为三大梯队

新华·波罗的海国际航运中心发展指数按照设计的指标体系，对符合筛选标准的46个港口城市的相关数据进行标准化处理，并利用建立的指数模型即层次分析法及加权总和合成法计算，得出了国际航运中心发展指数结果。

依据2015年新华·波罗的海国际航运中心发展指数结果将46个港口城市大致分为三大梯队：第一梯队为国际航运中心发展指数得分前10的港口城市，包括新加坡、伦敦、香港、鹿特丹、汉堡、上海、迪拜、纽约、釜山、雅典，这些港口城市普遍被认为是"国际型"航运中心，在3个一级指标，尤其是航运服务领域较其他港口城市具有很强的优势，最终得分基本在60分以上；第二梯队为"准全球型"航运中心，包括东京、安特卫普、洛杉矶、墨尔本、青岛、宁波舟山、孟买等26个港口城市，这些城市在某项要素方面优势较为突出，但综合实力较第一梯队仍有差距，平均分值在50左右；第三梯队总体表现为"特色型"航运中心，包括德班、厦门、里约热内卢等10个港口城市，相较于第一、二梯队存在一定差距，分数低于50分。

综合对比2014年指数情况，结果总体较为稳定，略有微调。如雅典入围国际航运中心前10位，东京被挤出前10位。上海反超迪拜，跃居第六。新加坡、伦敦、香港仍以绝对优势处于全球国际航运中心的领先地位。

3. 广州的排位情况：第二梯队的"准全球型"航运中心

依据新华·波罗的海国际航运中心发展指数评价结果，2015年广州的发展指数在全球46个港口城市中排第28位，属第二梯队及"准全球型"航运中心。从全国港口城市横向比较来看，广州的发展指数位列大连（排第30位）、深圳（排第31位）、厦门（排第39位）之前，在香港（排第3位）、上海（排第6位）、高雄（排第19位）、青岛（排第19位）、宁波（排第23位）和天津（排第24位）之后。与2014年比较来看，2015年广州的发展指数排位（排第26位）下降了2位。

从国际航运中心发展指数部分指标来看：2014年广州的集装箱吞吐量达1662.6万TEU，港口货物吞吐量50097万吨，分别位居世界的第7和第6位，属世界第一梯队（见图2）；航运金融业务分支机构的数量居世界港口第10位；全球船舶工程服务排世界港口城市的第16位。

二、从国际航运中心发展指数看广州面临的短板

2015年7月24日发布的"新华·波罗的海国际航运中心发展指数"，是新华通讯社联合波罗的海交易所第二次向全球推出的国际航运中心发展指数，该发展指数尽管还存在有待完善之处，没有考虑空港、陆港等反映现代国际航运中心的指标，但基本上综合反映了全球港口型国际航运中心及港口城市的发展状况，从中也可以看到各国际航运中心的优势和不足。从2015年的国际航运中心发展指数排位来看，广州的总体排位偏低，不仅远远落后于香港、上海，也与青岛、

宁波、天津等存在一定的差距，并且存在五大主要短板制约广州国际航运中心的建设发展：

1. 航运服务业发展滞后

完善、发达的航运服务是现代国际航运中心的重要标志，在国际航运中心发展指数所占权重也比较大。从2015年"新华·波罗的海国际航运中心发展指数"3个一级指标得分来看，广州港口条件得分相对较高，而航运服务得分偏低。这表明广州航运服务业发展比较滞后，是广州建设国际航运中心的最大短板。2014年广州集装箱吞吐量、港口货物吞吐量分别居世界第7位和第6位，广州港口5万吨级以上集装箱泊位达20个，南沙港区航道水深达-17米等。从港口条件及吞吐量指标来看，广州基本达到了国际航运中心的先进水平，其排位应属于或靠近第一梯队。但从航运服务来看，广州除航运金融业务分支机构的数量和全球船舶工程服务相对较好外，航运经纪服务、船舶管理服务、海事仲裁服务、航运金融保险服务等都比较落后，航运物流及航运服务处在航运价值链的低端，集聚的国际化航运物流服务企业也较少，尤其是高端航运服务企业缺乏，导致广州航运服务得分相对偏低，这是广州在全球航运中心排位靠后的主要原因，也表明广州航运服务发展比较滞后，航运服务与伦敦、新加坡、中国香港、上海等世界先进的国际航运中心相比存在较大差距。

2. 航运综合环境不完善

近年来，通过对广州港南沙港区和白云国际机场的大力建设发展，广州航运的综合环境得到了明显的改善，但与世界著名的国际航运中心比较仍有不少差距。主要表现在港口管理服务的信息化、智能化水平还不高，港口、口岸、航运公司、物流企业等机构之间信息不能互通共享，围绕航运中心的综合信息服务平台缺乏，航运生产、服务、监管等单位之间的业务协调性较差；航运管理与服务机构的透明度还不高，贸易自由化、投资便利化及市场化、法治化、国际化的航运环境尚未形成；港口物流绩效还有待提升，南沙自由贸易试验区的政策溢出效应尚未在国际航运中心建设中释放，与区域腹地的"三互通关"模式及区域一体化大通关模式尚未建立，国际货物通关效率相对较低。同时，广州港口国际航线偏少，开通的国际航线（2014年53条）远不如上海（210条）、香港（超过200条）、新加坡（超过200条）和深圳（210条）等港口；广州港口连通的国内外港口（300个）及国家（80个），远不如上海（分别为500个和200个）、香港（分别为600个和120个）、新加坡（分别为600个和120个）和深圳（分别为300个和100个）。同时，国家及广东省对广州建设国际航运中心的重视与支持力度不够，给予的有关支持相对较少，使广州对国际航运要素的集聚力和吸引力还不强。

3. 港口条件有待优化提升

尽管广州的港口条件在"新华·波罗的海国际航运中心发展指数"中得分相对较高，但与居世界前列的国际航运中心的比较来看，广州的港口条件还有一定的差距，基础设施保障能力不足。主要表现在超过5万吨的生产性集装箱码头泊位还不多，尤其是深水泊位相对较少（约20个，不及深圳、香港、新加坡、上海的50%），锚地空间严重不足，码头通过能力有限；港口出海航道水深和航道底宽（243米）不足，常年航道疏浚与维护成本相对较高，出海口船舶密度大及大小船舶混杂，大型船舶不能双向自由通行，超过10万吨级的集装箱船和12万吨级散货船需要乘潮才能单向通行。新港区大型专业化泊位不足，老港区中小码头较多；大型散货码头较少，国际通用码头建设进展慢，航道等级不足，超大型船舶进出港时需要对航道进行封航，使航运物流通过及集散能力受到很大影响。

4. 与空陆港联动发展不足

完善的集疏运体系及海港、空港、铁路港（含高铁港）、高速路港、信息港（五港）的互联互通是国际航运中心的重要基础保障。目前，作为广州国际航运中心建设主体区域的南沙港区集疏运网络体系还不完善，港区疏港铁路尚未开工建设，内陆无水港开发建设还较滞后，与泛珠三角区域腹地的铁水联运缺乏；南沙港区江海联运码头正在开展前期工作，与珠江—西江密切连接的内河江海网络及水水联运还不顺畅；南沙港区与广州及大珠三角区域的空港、铁路港、高速路港连接的便捷通道尚未成网，广州港与空港、铁路港、高铁港、高速路港、内河港、信息港之间的互联互通及联动发展不足，国际和区域航运物流大通道尚未建成，航运物流及代理企业之间的物流网络体系尚未形成，对区域腹地的集聚和辐射影响力不强，与国内及国外港口的联系有待加强。

5. 航运资源开发利用比较分散

由于航运管理体制及珠江水道网较多的影响，广州地区的航运资源空间分布及开发利用比较分散。除南沙港区外，广州其他港区及码头资源空间分布较为分散，泊位规模及吞吐量较小，码头泊位的利用效率不高。区域内航运企业分属中央、省、市、区不同的主体，航运企业数量多、规模小、业态传统，缺乏国际一流及竞争力强的跨国航运物流大企业；各类航运枢纽企业相互间的业务合作和协调少，互动发展不足。港口、海事、口岸、海关等管理服务机构较分散，相互协调配合不足。

三、从国际航运中心发展指数看广州的努力方向

现代国际航运中心是以一流的海陆空港设施、发达的现代物流体系、优越的地理区位为基础支撑，以高度完善的现代航运服务为核心驱动，在全球范围内配置航运资源的重要海空港口城市。建设国际航运中心是广州"十三五"及未来一段时期巩固提升国家中心城市功能及国际竞争力的重大战略举措，是新常态下广州产业和城市转型升级的必然选择，也是推进国际物流中心、商贸中心及现代金融服务体系的重要支撑。广州作为千年一直不衰的"商都"和港口城市，建设国际航运中心具备区位优越、商贸流通较发达、海陆空设施较齐备、区域产业基础较好、综合服务较完善等多方面的优势，发展潜力较大。但从"新华·波罗的海国际航运中心发展指数"来看，广州仅属于"准全球型"航运中心，与真正的"国际型"航运中心还有不少差距，面临不少发展短板。为此，广州应以伦敦、新加坡、中国香港、上海等先进国际航运中心为标杆，顺势而为，抢抓机遇，坚持海陆空互动，加快把广州建设成为立足泛珠三角、服务全国、影响"一带一路"及世界的综合型国际航运中心。

1. 以现代航运服务为重点促进航运产业大发展

发达的现代航运服务业是第三代乃至未来第四代国际航运中心的重要标志，也是国际航运中心建设发展的核心驱动力和关键竞争力。从港口集装箱吞吐量来看，伦敦在全球航运中心中仅排第35位，与广州的差距非常大，根本说不上是居世界前列的国际航运中心。但伦敦之所以始终是全球公认的世界级国际航运中心，关键是因其掌控着全球航运市场的整体运作，尤其是高端的航运金融、航运经纪及市场服务、船舶管理服务、海事法律服务、航运衍生产品交易等航运服务业较发达，航运服务总部及相关机构较多。近年来，上海在国际航运中心的地位不断攀升，主要是由于航运服务业发展取得了明显的进步。因此，广州应以伦敦、上海等国际航运中心为标杆，抓住国际航空航运业"东移"的机遇，以广州港、白云国际机场、海港经济区、空港经济区、南站商务区等为依托，建设国际航空航运服务创新区、总部基地及"一带一路"平台，加强与国内外航空航运服务业巨头的联系和合作，高起点完善现代航空航运服务体系，积极吸纳集聚现代航空航运服务业的高端资源，加快培育发展现代航运服务企业及机构，大力发展航空航运金融保险、航空航运物流、跨境电商及衍生产品交易、航空电子货运、航空航运经纪、航空航运工程、船舶管理、海空事务法律仲裁、航空航运信息、飞机与船舶维修服务、高铁服务等航空航运服务业和总部经济，大力发展临

空临港先进制造业和高新技术产业，积极以"互联网＋"推动现有航运服务业及企业转型升级，把广州打造成全球有影响力的现代航空航运服务为主导的航运产业集群基地，提升广州航空航运服务及国际航运中心的整体竞争力。

2. 以国际海空航线拓展为支撑构建国际物流大网络

完善的航运物流网络及集疏运体系是国际航运中心的重要基础条件。广州在航运物流网络及集疏运体系建设方面还存在不少短板，与新加坡、中国香港、上海等国际航运中心相比还有不少差距，这制约了广州国际航运中心的发展壮大。为此，要发挥国家综合交通枢纽和对外开放桥头堡的优势，以海陆空运输为主线、以物流为支撑，以港口、机场、铁路货站、公路货站等枢纽及物流园区为依托，构建链接国内外的国际航运物流大网络，把广州打造成为国际航运物流及资金流、信息流、人流集散的中心。一是抓住"一带一路"、自贸区等建设发展带来的机遇，以国际空港枢纽、国际海港枢纽及国家综合门户建设为抓手，加强与世界主要海空港口城市的合作交流，积极参与"一带一路"沿线国家及城市海空港建设和合作，建设立足泛珠三角及"一带一路"的空港、海港联盟，不断拓展国际海空新航线网络及物流业务，大力构建链接印度洋、太平洋周边及欧洲等主要海空港城市的广州国际航运物流大网络，强化广州在全球范围内配置航运物流资源的能力。二是抓住珠江—西江经济带、高铁经济带、泛珠三角区域合作等发展带来的机遇，深化与珠江流域及泛珠三角港口城市、区域交通枢纽等的合作，积极参与区域内海港、铁路港、航空港及物流项目建设，大力推进泛珠三角区域无水港建设，完善内陆港布局，加强广州国际航运中心与泛珠三角各类海陆空港口、珠江黄金水道的联动发展，构建广州立足泛珠三角、服务全国的区域航运物流大网络，提升广州对区域及全国航运物流资源的集散能力。三是抓住南沙新区、空港经济区建设发展的机遇，加快连接广州港南沙港区、白云国际空港的疏港铁路、高速铁路、高速公路和地铁建设，加强广州各类航空航运物流枢纽与区域及腹地的互联互通，提升广州国际航运中心对区域的辐射带动及服务能力。

3. 以国际贸易"单一窗口"建设为抓手促进航运环境大提升

国际化、信息化、便捷化的航运环境是国际航运中心建设发展的重要保障。近年来，广州在航运环境及港口条件方面已有了很大的改善，体现在新华·波罗的海国际航运中心发展分指数方面的得分也相对较高，但仍与上海、深圳、宁波等航运中心有很大的差距。未来，一是抓住"互联网＋"及智慧城市建设发展机遇，以深化广州国际贸易"单一窗口"建设为抓手，创新口岸监管机制，打造广州海陆空港口与海关、检验检疫、海事、口岸、外汇、税务等管理服务机构、航运企业等进出口贸易相关部门之间的互联互通信息平台，并实现与泛珠三角海陆空口岸、特殊监管区、重要港口城市的互联互通。二是超前推进南沙港区四期、南沙国际通用码头、南沙滚装汽车专用码头、江河联运码头、国际邮轮母港、船舶岸基供电设施等建设,继续浚深珠江出海口航道,加强与珠江口城市合作建设港口锚地,提升珠江口航道等级和广州港口通航能力。三是加快白云国际机场第二航站楼、第四与第五跑道、联接机场的高铁及高速公路网、广州第二机场等建设,完善国际国内航线网络,提高机场服务水平,提升区内外航空通达性和辐射影响,打造世界级航空枢纽及航空大都市。四是发挥南沙自贸区、南沙新区、白云机场综合保税区等建设的制度创新溢出效应,率先将南沙自贸区创新做法及经验延伸到泛珠三角区域,率先促进南沙自贸区与泛珠三角区域实现"三互通关"及大区域通关一体化。五是建设集增值服务、加工服务、多式联运集疏运服务、门到门服务、信息服务等完善的航运服务体系,加快做大做强广州航运交易所,建设国际船舶登记中心,为各类航空航运企业发展提供业务指导和创造良好的环境。

4. 以协调整合为路径促进航运资源利用大优化

促进航运资源整合及优化利用是加快广州成为国际航运中心建设的重要基础。为更好地发挥广州航运资源优势及实现优化利用,未来应加强广州航运资源的大整合:一是整合广州地区的航运管理服务机构,以广州港务局、空港经济区管委会为依托,整合海事等相关部门,成立"广州市航运委员会"或集海陆空运于一体的广州国际航运中心建设领导小组,以此加强统筹协调和管理服务。二是促进广州航运空间资源布局的整合,大力整合港口码头资源,合理设置不同功能的港口码头,优化建设南沙临港经济区、黄埔临港商务区、空港经济区、南站商务区和海空港物流园区,大力发展临空临港产业及经济。三是整合广州地区的港口、机场、铁路站、飞机与船舶公司、物流、仓储、航运代理等企业,促进中央、省、市航运企业联合及联盟发展,围绕航空航运产业链布局创新链、价值链,积极吸纳和培育发展各类新型航空航运企业和新业态,争取国际航运组织来广州开展新业务,引领海陆空产业及企业价值创新。四是通过资源集聚、合资合作、收购兼并等途径,促进广州港集团、南方航空等企业做大做强;继续推进广州港集团、南方航空等大企业"走出去"发展,进一步增强南方航空、广州港集团的区域及跨国发展能力,打造具有国际影响力和竞争力的航空航运大集团。五是促进港口企业、航运物流企业、贸易企业与口岸、海关、检验等监管服务机构的协调整合,形成高效便捷的大通关与营商环境。

5. 以海空并举为牵引促进"五港"大联动

现代国际航运中心或第四代国际航运中心不仅以港口及相关配套为支撑,而且还以空港、铁路港（含高铁港）、高速路港、信息港及相关配套为支撑，是海港、空港、铁路港、高速路港、信息港齐头并进及配置国际航运资源的中心。目前，新华·波罗的海国际航运中心发展指数的指标设计没有考虑到空陆港和信息港相关指标，这是这一发展指数的重要缺陷，也无法完全准确反映全球国际航运中心的排位的真实情况。如果把空港、铁路港、高速路港、信息港等指标纳入国际航运中心发展指数，预计广州在全球国际航运中心的地位会进一步靠前，但广州"五港"的协调联动还不理想这也是事实。为此，应高标准地做好广州"五港"间的对接协调规划，加快"五港"互联互通的各种网络及通道建设，以信息港为中心、以海空并举为牵引整合好"五港"资源，促进"五港"企业融合互动发展，强化江海联运、海铁联运、海空联运、海公联运和海海联运，完善国内至国际的中转衔接，形成广州"五港"融合互动发展的国际航运中心大格局。同时，要加快国际物流中心、国际商贸中心和现代金融服务体系建设，促进广州国际航运中心与国际物流中心、商贸中心和现代金融服务体系融合联动发展，增强广州对国际国内物流、资金流、信息流和人流的集散能力，共同支撑国家中心城市功能提升。

6. 以上升为国家战略为突破口争取发展大支持

近年来，上海、天津、大连、宁波、青岛等航运中心之所以发展迅速，主要得益于国家的重视及上升为国家战略、出台相关规划及政策扶持发展。在新常态及发展竞争激烈的背景下，国家及省的重视和大力支持是广州建设国际航运中心的重要条件。为此，广州应努力争取省及国家的大力支持，争取把广州国际航运中心建设上升为国家战略，由国家出台加快广州国际航运中心建设的相关规划，明确发展定位、实施方案及有关扶持政策，强化广州对全球航运资源的配置能力。应出台广州国际航运中心建设"十三五"规划，设立建设专项资金，指导和促进广州国际航运中心加快发展。争取国家支持设立广州航空经济示范区。同时，创新航空航运政策，积极吸纳国际航空航运机构、资金、技术、人才集聚落户，包括推动国际口岸合作，航空航运中介机构准入，促进中转集拼业务发展，允许中资航运企业利用自有或控股拥有的非五星旗国际航行船舶发展以广州港为中转港的沿海捎带业务；促进符合条件的船舶在广州落户登记，简化国际船舶运输经营许可程序；实行启运港退税政策；争取突破现有的船舶管理、抵押、保险、交易、税收、人才引进等方面的制度；等等，为航运企业集聚及中资外籍船舶回归创造良好的条件。

（课题组成员：杨再高、葛志专）

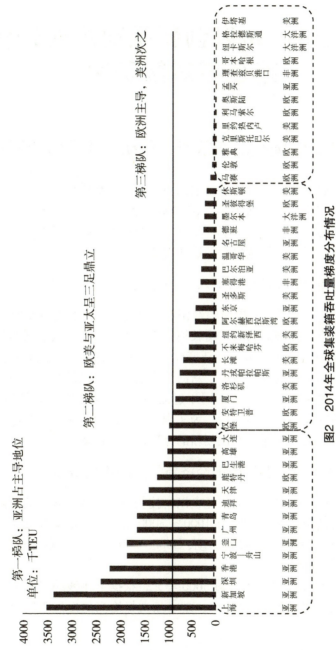

图2 2014年全球集装箱装箱吞吐量梯度分布情况

资料来源：《新华·波罗的海国际航运中心发展指数报告（2015）》。

新常态下广州以创新驱动产业升级的路径与对策研究

一、创新是中国经济新常态下驱动产业升级的根本动力

创新驱动发展战略是中国特色自主创新理论的最新成果,也是中国特色自主创新道路的最新实践。在当前中国经济"新常态"下,实施创新驱动,是转变经济发展方式的客观要求,是实现可持续发展的必由之路,是抓住机遇推动发展的重大举措,更是提升经济竞争力的迫切需要。

(一)中国经济发展开始步入"新常态"

中国经济"新常态",是指中国经济在经历了30多年的高速增长之后,潜在增长率趋于下降,传统的粗放式增长模式难以为继,支撑其发展的各方面条件都在改变,为此必须适应新情况、新变化,向高效可持续的中高速增长阶段迈进,实现全面转型,在新的环境中、新的平台上实现更高效高质的新均衡发展状态。"新常态"意味着我国经济不同于过去30多年高速增长的新的发展阶段,已进入动力转换的变革常态新阶段。为实现可持续发展,必须切换经济发展的主引擎,高度重视科技、人才与知识创新的作用,实施创新驱动发展战略。

(二)创新驱动是引领中国经济新常态的重要战略

创新驱动是以知识和人才为依托,以科技创新驱动经济发展的重要方式。根据经济发展动力理论,人均GDP在1000~3000美元时,经济发展靠的是要素驱动;3000~5000美元时,靠投资驱动;5000~8000美元靠创新驱动;8000美元以上则是靠财富驱动[1]。

当前,中国人均GDP已经超过5000美元,根据上述钱纳里关于发展阶段的理论,为避免陷入"中等收入陷阱",就必须选择恰当的发展驱动力。实施创新

---

[1] 钱纳里关于发展阶段的理论论述。

驱动发展战略，是适应当前全球新变化，符合国内新特征作出的重要战略部署，也是适应新一轮产业科技革命的必然选择。

（三）创新成为驱动产业升级的根本性动力

在以德国工业4.0为代表的第四次工业革命推动下，技术创新已成为经济转型升级核心影响因素，创新成为一国或地区驱动产业升级的必由之路。

1. 创新能有效推动一国或地区产业结构升级

从全球范围看，科技创新越来越成为推动经济社会发展的主要力量，创新驱动是大势所趋。例如，日本提出"技术立国"方针，引导技术创新，促进企业成长，使其成为技术创新的主体。日本实行的"技术引进+消化创新"的模式，帮助日本有效缩短了与欧美发达国家的技术差距，被称为"日本奇迹"。美国制定创新战略，强调以世界创新领先地位来帮助经济增长。凭借创新，硅谷每5年就能诞生一个新产业，同时出现一个新世界500强。苹果成为了世界数码产品的引领者。再看韩国，依靠创新，实施"科技利国"战略，同样实现从"快读跟踪"到"领跑者"的成功转型，不到十年时间，就实现了人均GDP从2000美元到10000美元快速增长。

2. 创新能有效助推企业占据产业链高端

企业间的竞争，不是产品之间的竞争，而是产业链之间的竞争。欧美等国依托项目支撑和科技创新，不断占据产业链高端，像IBM、GE、西门子等大型跨国公司，靠高端的技术和品牌支撑，已经将竞争重点从产品制造转向客户服务。例如：IBM曾是一家老牌的纯硬件制造商，如今已成功转型为"解决方案提供商"。2011年，在IBM的全球营收体系中，大约有55%的收入净利润来自IT服务，其每年的利润增长率也高达10%以上[①]。

3. 创新能有效提升产业附加值

欧美、日本等国依托科技创新不断提升产品附加值，进一步把优势做大做强。以苹果、谷歌为代表的科技企业，在宽带通信和物联网等信息技术方面实现了重大突破，并进一步通过集成创新，带动了一个全新产业链的形成。苹果将硬件、软件和服务融为一体，开创了一个全新的商业模式，是最新的制造业服务化的成功范例。据了解，苹果公司靠卖音乐和应用程序重复性购买获得持续利润，这部分占比就达到58%。而在我国，目前工业增加值率仅为26%左右，而美、

---

① 吴勇毅：《传统制造向制造服务智慧转身》，企业文明网，2013年3月1日。

日、英、德等发达国家工业增加值率一般达50%以上，差距明显。

4. 创新能有效掌控产业核心关键技术

高端制造业是衡量一个国家核心竞争力的重要标志，我国虽已跃升为世界第二大工业化国家，但装备制造产业的整体实力和水平与世界相比差距还不小，特别是一些高端装备（如发动机、核心芯片）和精密仪器仪表等核心部件，很大程度上仍然依赖进口。目前，我国主要是通过发展高端制造业，有效实现核心技术自主化。为此，要瞄准全球生产体系的高端前沿，大力发展具有高技术含量的高端装备制造产业和战略性新兴产业，助推传统制造业由加工制造向价值链高端延伸，从而提升产业核心关键技术自我掌控力。

5. 创新能有效提高单位土地的经济产出率

土地产出率是指单位土地上的平均年产值，是反映土地利用效率的一个重要指标。当前，中国经济发展整体上仍处于"资源依赖型"和"投资驱动型"，过于依赖物质资源投入，属于粗放型增长，导致投资效率低下，资源没有被有效配置和使用，存在着严重浪费，以及由此产生的一系列环境、生态问题，加快转变经济发展方式已刻不容缓。转变经济发展方式的本质就是从传统生产要素驱动经济增长的方式转到由科技创新驱动经济发展的方式。在当前土地资源紧缺的情况下，企业要从创新和品牌建设上下功夫，做大做强。大小企业相互依存、相互支持，形成一条完整的产业链，集约使用土地，提高土地的整体利用效率。

二、广州以创新驱动产业升级的成效与不足

（一）广州以创新驱动产业升级的主要成效

1. 加快了产业结构的调整升级

一是产业结构不断优化。三次产业结构由2008年的2.04：38.94：59.02调整为2014年的1.42：33.56：65.02，延续了自2008年以来服务业较快发展的态势。三次产业对经济增长的贡献率分别为0.3%、30.9%和68.8%。二是工业发展稳中提质。2014年规模以上工业总产值1.82万亿元、增长7.9%，汽车、石化、电子三大支柱产业增长8.8%。规模以上工业高新技术产品产值8001.36亿元，同比增长9.1%，占全市规模以上工业总产值44%，战略性新兴产业增加值增长12%。移动互联网、电子商务、智能装备、生物医药、新材料等新业态和先进制造业加速壮大。先进制造业的快速发展，有效避免了产业空心化。三是服

务业结构能级稳步提升。2014年，服务业增加值达到10862.94亿元，同比提升0.4个百分点；服务业发展快于工业，全年服务业增加值增长9.4%，快于工业1.6个百分点；商贸会展业发挥了明显作用，其增加值在各大产业中位居首位，全国主要城市位居第三，已经成功建成塑料、钢铁、粮食、煤炭、石化、化工等6大电子交易中心；金融业也已经进军千亿级产业。

2. 有效推动了战略性主导产业的转型升级

《广州市加快推进十大重点产业发展行动方案》确定广州十大重点产业布阵"343"，即3大先进制造业：汽车、精细化工、重大装备；4大战略性新兴产业：新一代信息技术、生物与健康、新材料、新能源与节能环保；3大现代服务业：商贸会展、金融保险、现代物流。目前，这些产业均有效实现了转型升级。一是汽车产业支柱作用明显。汽车制造业仍是广州第一支柱产业，2014年，汽车制造业完成工业总产值3642.44亿元，汽车产业增加值占全市GDP比重约为10%。汽车产销量占全国总量的8.32%，服务业总收入达到4190亿元。从2004年起，汽车及配件零售总额一直保持21%以上的年均增长，零售总额占全市零售业总额的比重也常年保持在45%左右。自主品牌和新能源汽车产业成为广州汽车产业新引擎。二是电子信息产业结构调整见成效。近年广州市电子信息产业向高端化、集聚化、高附加值发展，积极促进产业转型升级，对全市工业稳增长起到"催化剂"作用。2014年，电子产品制造业完成工业总产值2320.63亿元，增长7.4%。形成了广州科学城、天河软件园、黄花岗信息园等一批国内知名的产业集聚区和发展载体。三是生物产业规模不断壮大，产业特色日益凸显。创新平台特色突出，园区核心集聚效应显现，形成了"三优二特"发展模式（即生物医药、生物制造、生物农业等三大优势产业集群，以及干细胞与再生医学、生物技术服务等两个特色产业领域）。四是新材料产业发展初具规模。产业集聚态势初步形成，已建成广州新材料产业国家高技术产业基地，目前，广州科学城已集聚了超过100家的新材料骨干生产企业和新材料技术创新平台，并培育出一批处于国内领先地位的新材料龙头骨干企业。五是装备制造业向智能化发展。2014年，先进制造业实现工业总产值10774.27亿元，重大装备制造业实现工业总产值3798.86亿元，增速分别高于广州市工业平均水平1.0个和0.5个百分点。工业机器人及智能装备业产值150亿元，位居全省前列。广州数控、广州启帆、机研院、粤研、日松、明珞龙头企业发展势头良好。

3. 培育形成了一批新兴产业和新业态

近年来，广州快速崛起战略性新兴产业，信息、生物与健康、新材料等3个千亿级产业集群已经形成。战略性新兴产业的迅猛发展让广州产业发展中的"创新因子"如鱼得水。同时，智能化新趋势催生 3D 打印、工业机器人等新业态初具雏形；高端化新趋势催生总集成总承包、柔性制造、新材料、通用航空等新业态加快发展；云计算作为一种新兴的商业计算模式，成为驱动信息产业新一轮发展的强大引擎，还催生出移动互联网、大数据、卫星导航等一批新业态发展壮大；新一代信息技术催生跨境电子商务、城市配送物流、互联网金融、航运金融、数字会展等一批新业态；产业融合新趋势催生制造业服务化和服务业新业态大量涌现；绿色低碳新趋势催生新能源与节能环保、城市矿产、碳金融等新业态迅速崛起。

4. 构建形成创新驱动产业升级的一系列重大平台

一是创新平台日益完善。推动科技兴市战略，打造了广州超级计算中心等一批重大创新平台和中新广州知识城、广州国际生物岛、广州国际创新城等一批创新载体。建立了广州中科院生命健康研究院、华南新药创制中心、广州中科院工业技术研究院、北航新兴产业技术研究院等一批重大创新平台。二是科技孵化平台广泛覆盖。出台了《关于促进科技企业孵化器发展的实施意见》《广州市科技企业孵化器倍增计划实施方案》等政策，促进科技企业孵化器发展。2014年，全市孵化器数量已达 85 家，孵化器总面积达到 500 万平方米，在孵企业达 5344家。三是科技服务网络日趋完善。积极推动科技中介服务机构开展国内外科技成果转化服务，与广东省南方知识产权交易集团共同建设广州知识产权交易中心，形成部、省、市、区四级联动的区域性知识产权交易市场，促进科技成果产业化。

（二）当前广州创新驱动产业升级仍存较多"短板"

尽管广州在产业转型发展中取得显著成效，但与北京、上海、天津、深圳等国内城市相比，广州产业发展不占优势，存在四大"短板"：

1. 科技创新能力较薄弱，导致缺乏核心技术和自主知识产权

创新能力不足始终构成广州的一大短板，2014 年，中国城市发展研究会发布全国十强创新城市，广州位列北京、上海、深圳之后（见表1）。

表1 广州与国内主要城市创新能力的比较

城市 指标	北京	上海	广州	天津	苏州	深圳
R&D支出占GDP比重（%）（2014年）	6.03	3.60	1.94	2.80	2.70	4.00
专利授权量（件）（2014年）	74661	50488	28137	83600	53000	53678
工业企业新产品率（%）（2009年）	25.96	20.42	10.9	33.54	11.7	17.4
2014年高新技术产品占出口额比重（%）	30.07	42.36	17.41	38.60	—	19.70
近三届最佳商业模式十强企业数（家）（2010年）	10	6	1	0	2	5
福布斯中国大陆最具创新力城市排名（2014年）	3	5	9	12	2	1

(1) 研发投入相对不足。R&D投入不足一直是广州科技创新的短板。2014年广州全社会研发投入占GDP比重为2.25%，低于广州国家创新型城市建设设定的2.8%的目标值，也远低于2013年的北京（6.03%）、上海（3.60%）水平。同时，企业投入亦不足，据《2013中国创新城市评价报告》统计，广州企业R&D投入不足1%，总量比不上深圳华为1家企业，也远未达到跨国公司R&D投入在5%～15%之间的标准要求。据2012年调查显示，广州超过8成规模以上工业企业没有开展R&D活动，超过9成规模以上工业企业无科技机构，5000家规模以上企业开展R&D活动的也只有1/6，由此可见，开展R&D活动的企业覆盖率低。

(2) 专利产出总体偏低。从创新链的中端来看，2013年和2014年，广州专利申请量和授权量都远低于北京、深圳、上海等城市（见图1）。

从人均拥有量看，深圳2013年和2014年每万人口发明专利授权量遥遥领先，是全国平均水平的16倍，已连续11年名列全国第一（见图2）。

(3) 龙头企业成长缓慢，企业核心竞争力不强。工业和高新技术领域缺乏顶尖的科技领军企业。目前，广州尚未培育出类似中兴、华为、腾讯、比亚迪、上海汽车、宝钢，以及北京联想等那样具有跨国经营实力的旗舰型企业"航母"。此外，广州拥有海量的中小企业，但其中很少有像金发科技、迪森锅炉那样所谓专、精、特、优的细分行业龙头企业，而深圳则有100多家企业在全国各

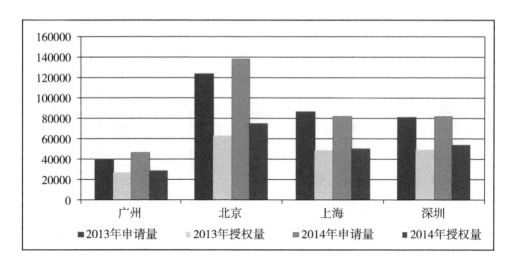

图1 北、上、广、深专利申请量、授权量比较（单位：件）

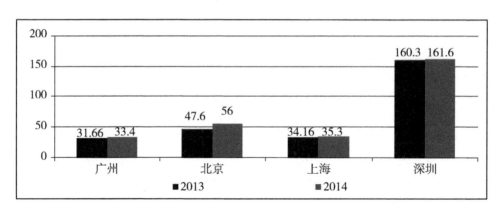

图2 北、上、广、深专利授权量比较（单位：件/万人）

行业中的规模名列第一。

（4）企业自主创新的活力明显不足。《2013中国企业自主创新评价报告》显示，广州进入全国企业自主创新500强企业只有17家，且仅有1家进前50强；广州拥有研发机构的大中型企业占比为18.5%，低于全国平均水平8个百分点。

（5）总部经济明显偏弱。从总部经济发展指数看，上海、北京高居城市前列。截至2014年8月，无论在拥有世界500强企业、引进跨国公司地区总部，还是引进外资研发中心、外资金融机构上，上海、北京都遥遥领先于深圳、广州、天津等城市。从拥有世界500强企业数量看，北京有52家，上海有9家，深圳有4家，广州、天津各有2家；再从引进跨国公司地区总部数量看，上海有401家，北京有127家，也远远抛离深圳、广州、天津等城市。

2. 产业平台和技术平台分离，抑制了产业技术融合

2014年，广州市拥有各类产业园区上百个，其中规划的重大发展平台有16个，高技术产业基地35个。但这些平台绝大多数是纯粹的产业园区，在规划建设中，没有像中关村那样，与高校、科研机构等技术创新平台结合，难于形成产业与技术聚集和融合，导致产学研联盟无法有效建立，科技资源不能有效转化为产业技术创新能力。

此外，大学、企业、研发机构的主体地位不明显。广州有大学79所，校企合作刚刚起步，大学带动作用没有释放。广州有各类研发机构400多家，但发明专利授权量仅占全省20%，对广州贡献太少。

3. 产业结构层次偏低，战略性主导产业优势不明显

（1）工业结构层次低，先进制造业竞争力不足。工业经济仍以传统产业为主体，工业智能化、自动化水平低，产业高级化远未完成。制造业主要集中在中低端环节，产业附加值低。装备制造业在全国乃至华南地区的优势尚未凸显出来。表现在：一是汽车产业缺乏核心技术。目前汽车产业虽已形成较大规模，并成为广州的支柱产业，但其核心技术基本为外方垄断。自主品牌刚刚起步，这与深圳比亚迪、上海通用、北京一汽等具有较大主导权和自主知识产权的情形不可比拟。二是电子信息产业发展规模小，缺乏旗舰型企业，创新能力不强。2014年，广州市电子信息产品制造业只占工业总产值的比重为12.9%，总体规模不大。与深圳、上海差距明显，深圳华为1家产值就相当于广州全市电子信息制造业产值总和。入围全国百强企业，广州只有6家，与北京（28家）、深圳（11家）相比，存在较大差距。广州大量企业处于产业链中低端，自主创新未成为产业发展主流。大部分核心基础产品及关键材料、组件等均主要依赖进口，受国际形势变化和市场动荡影响大。三是工业机器人及智能制造业产值和规模都偏小。与天津、深圳等城市相比，广州市工业机器人及智能制造业不但产值低且规模也偏小。2013年，全市工业机器人及智能装备产值规模为158亿元，只为天津滨海新区（300多亿元）的52.7%；深圳2014年机器人企业已达237家，产业总产值480亿元，其中工业机器人192家，产业总产值412亿元，占比在8成以上。

（2）高端生产服务业欠发达，优势的商贸服务领域竞争力在下降。目前，广州生产服务业特别是知识密集型服务业相对落后，规模偏小。从国际经验看，发达国家生产服务业占服务业比重为70%。而目前广州生产服务业占服务业比重仅为50%左右，差距较大。与国内主要城市相比，广州知识密集型产业也处于劣势地位。2012年，广州知识密集型服务业占GDP比重为26%，低于北京（43.8%）、上海（27.4%）。以金融、信息、商务、科技等为主体的技术、资本及知识密集型服务业合计占第三产业比重仅为33%左右，尤以"百业之首"的金融业相对落后，其增加值占第三产业仅为7.2%，明显低于京、沪、深三市。

传统优势的商贸服务领域竞争力也下降。在广州最具传统优势的商贸领域，也存在着外资主导、高端商业（总部、品牌与连锁商业）不足、低层次小商业扩张过度、缺乏本土商业"航母"等一系列致命缺陷，使得广州商贸业竞争力大打折扣。目前，在全国排名前十的零售企业、批发市场、上市公司、连锁经营、电子商务等各榜单中，广州的企业少有入榜，在最具影响力的"中国零售企业百强"中，广州始终只有2～3家企业入围，远远低于北京、上海、深圳等一线城市，战略主导产业地位很不稳固。

4. 战略性新兴产业和新业态发展快，但缺乏规模优势

目前，广州战略新兴产业远未形成规模，在经济总量中的地位仍微不足道。2013年，广州所确定的六大战略新兴产业增加值占GDP的比重只有10.6%。而目前深圳所规划的战略新兴产业已担纲主力，在其经济版图中已占据34.5%的份额（见图3），可谓举足轻重。

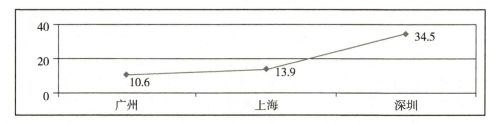

图3 2013年广州与上海、深圳战略性新兴产业占GDP比重（单位:%）

新业态缺少大项目、大企业，导致核心竞争力低，集聚发展水平低。此外，资金投入也不足，广州市设立的专项资金规模较小。而深圳从2014年起，连续7年每年10亿专项资金扶持未来产业（大部分是新业态）发展。

三、广州实施以创新驱动产业升级的总体思路

(一) 指导思想

以科学发展、跨越发展为主题,坚持创新驱动,把增强科技创新能力作为产业升级的聚焦点,着力推动产业结构向更加协调优化转变,发展动力向创新驱动转变,增强产业竞争力和可持续发展能力,形成以新一代信息技术为引领,战略性新兴产业和新业态成为带动经济发展的主导力量,实现由广州制造向广州创造转变,提高广州经济社会发展水平。

(二) 基本原则

1. 政府引导与企业主导相结合

发挥政府"有形之手"的引导作用,服务企业科技创新,激发企业内生动力。让企业成为技术创新的主体,积极支持和引导各种创新要素向企业聚集。建立起以企业为主体、市场为导向、产学研相结合的技术创新体系。

2. 存量提升与增量优化相结合

在推进产业存量升级的基础上致力于提升产业增量,做强做大优势产业,又积极培育面向未来的战略性新兴产业和新业态;抓好现有项目的增资扩产,又谋划推进一批新的重点产业项目,加快形成新的、更高水平的生产力。

3. 集成创新与自主创新相结合

实现自主创新与引进吸收有效结合,把调结构、转方式、提高竞争力作为提高自主创新能力的中心环节抓紧抓好,提高原创力、集成创新能力及引进吸收再创能力,加快实现广州经济增长从资源依赖型向创新驱动型的转变。

4. 龙头带动与产业集群相结合

支持重点骨干企业跨地区、跨行业、跨所有制兼并、联合及海外并购,提升系统集成能力,做大企业规模;加快推进装备制造业重点产业基地、专业化园区建设,增强园区集聚功能,发挥产业集聚效应,提升专业化分工协作配套水平,打造一批特色鲜明的产业集群。

(三) 实施路径

1. 以创新提升制造业高端化发展

以创新提升制造业高端化发展即以自主创新、总部集聚、产业融合为抓手,

推动制造业向高端发展。抓住新一轮产业革命机遇，瞄准3D打印等先进制造工艺，做强做大十条千亿级产业链。推进工业化、信息化深度融合，运用最新信息技术改造传统工业，向数字化、网络化、智能化发展。

2. 以创新促进现代服务业加速发展

以创新促进现代服务业加速发展即以服务模式创新、新业态培育为抓手，推动服务业向高端化发展。充分利用现代管理和技术，不断创新商业模式，推动商贸会展、金融保险、现代物流、文化旅游、商务与科技服务等优势服务业向高端领域发展；大力发展教育培训、医疗健康、养老服务、休闲旅游等幸福导向型产业；积极发展检验检测、认证、电子商务、移动互联网等服务业新业态，全面打造广州服务、广州创造、广州质量①。

3. 以创新引领新兴产业壮大发展

以创新引领新兴产业壮大发展即以关键技术突破、科技金融支持、高端人才集聚推动战略性新兴产业发展壮大。加快打造一批区域性物流配送、研发设计、电子商务、出口加工、结算中心等生产性服务业亮点，招引集聚一批现代金融、文化创意、教育医疗、健康养老等高端生活性服务业项目。通过"技术+人才+品牌+资本"的要素市场化组合推动战略性新兴产业加速成长，着力突破关键核心技术，加快形成新一代信息技术、生物与健康、新材料与高端制造、时尚创意、新能源与节能环保、新能源汽车等战略性新兴产业集群②。

4. 以创新推动传统产业升级发展

以创新推动传统产业升级发展即以产业转移、技术改造、品牌建设实现传统产业转型升级。围绕"产品高端化"的要求，依托技术改造、装备升级、战略合作、兼并重组等有效形式，助推传统产业迈向产业链和价值链的高端。压缩淘汰落后产能，为高端产业发展腾出发展空间。积极发展低投入、低能耗、低污染、高效益的"三低一高"产业。而对家电、纺织服装、食品饮料等优势传统产业和"老字号"企业，通过技术改造、品牌提升以及产业链延伸等方式，推动形成本地研发设计和营销结算、外地加工制造的"两头在穗、中间在外"发展模式，走创新型、效益型、低碳型之路③。

---

① 来源：广州市《关于推进产业提升工程的实施意见》。
② 来源：广州市《关于推进产业提升工程的实施意见》。
③ 来源：广州市《关于推进产业提升工程的实施意见》。

四、广州实施以创新驱动产业升级的对策建议

(一) 实施品牌战略,提升产业竞争力

品牌是国家和地区竞争力的体现和经济实力的重要标志,是一个市场继续发展壮大的关键。实施品牌战略,凸显品牌效应,降低资源消耗,对提升产业结构,促进经济整体水平提高,具有重要作用。

1. 提高企业自主创新能力

培育创新型企业是当前有效提升广州产业竞争力的主要着力点。把增强自主创新能力作为各行业转方式、调结构的中心,以企业为创新主体,有序引导创新要素向企业特别是创新型企业集中、向高端产业集聚,同时,推动企业成为技术创新的主体,并不断加大技术创新和成果应用投入。培育高科技创业企业、高科技成长型企业和创新型领军企业。支持有条件的企业加强研发平台建设,加快建立高校、科研院所技术成果向企业转移机制。大力推进中新知识城、科学城和生物岛等创新载体建设,扶持培育一批国家级、省级重点实验室和企业技术中心,助力民营科技园创新基地建设。组织实施重大科技专项、重点科技工程和科技基本建设三大计划。

2. 强化"品牌、产品多元化"战略

要提升产业整体竞争力,打造知名工业品牌是最有效措施,为此要加强品牌建设,以培育百亿级品牌企业为着力点,打造10亿级品牌产品为抓手,推进传统产业向品牌化方向发展。同时做强做优汽车产业,加快推进自主品牌轿车的研发、生产和产品品牌建设,提高自主品牌整车产能。依托新一轮试点,加快纯电动汽车、油电混合动力汽车等新能源汽车发展,推广各类新能源汽车。组织实施品牌商标战略,支持自有品牌在境外的商标注册和专利申请,促进自有品牌跨国经营与国际化发展,形成一批国际知名品牌先进装备产品。

3. 提升"广州制造"品牌形象

实施品牌战略,必须与知识产权战略、标准化战略相结合,也必须落实品牌创新、质量创新和标准创新工程。鼓励企业根据行业特性、自身特色,创新品牌营销模式、服务盈利模式、电子商务模式、总部经济模式等。着力发展一批大品牌,培育新品牌,推动国内品牌发展成国际品牌。同时,使"广州制造"迅速形成品牌效应,启动品牌文化战略,充分体现广州地域、行业和企业特色,打造

强势品牌，提升"广州制造"市场竞争力。

（二）实施标准化战略，掌握市场主动权

当今世界，标准已成为体现各国核心竞争力的重要因素。谁掌握了标准制定权，谁就掌握了市场主动权。如美国发布《美国国家标准战略》，推动美国标准全球化；日本实施《日本标准化发展战略》；英国也制定了《国家标准化战略框架》，提高英国标准的国际影响力。近年广州积极实施标准化战略，努力叫响"广州标准"，注重标准化战略顶层设计，出台《广州市标准化战略实施纲要（2013—2020年）》，实施标准化战略是参与国际市场竞争的必经之路。

1. 优先促进战略性新兴产业标准化

新兴产业不仅具有发展快、变化快及更新快的特点，而且其技术含量高，产品应用也越来越普及，因此，相关部门应尽快制定新兴产业标准体系规划和路线图。重点抓好高端新兴电子信息、半导体照明（LED）、新能源汽车等标准化示范（试点）项目，深入推进萝岗国家级高新技术产业开发区等集聚区开展标准化示范（试点），提升"广州创造"。为更好地体现广州的技术特点和优势，支持企业将自主研发的"独门绝技"转化为标准，赢得标准话语权，从而抢占产业制高点，提升广州在新一轮产业发展中的竞争力。

2. 大力发展现代服务业标准化

将标准化工作纳入现代服务业发展规划，重点选择商务会展、金融保险、现代物流、高技术服务、外包服务和总部经济等领域开展标准化创新工作，推动相关标准与规范的研制与实施。深入推进天河中央商务区、天河智慧城、琶洲—员村金融会展总部经济区、增城旅游示范城市、从化乡村旅游等现代服务业标准化示范（试点）。加快服务质量和服务水平与港澳地区及国外先进地区的接轨步伐，促进现代服务行业规范化、标准化、国际化，优化"广州服务"，建设国家检验检测高技术服务业集聚区。

3. 加快推进先进制造业标准化

要实现从"广州制造"向"广州创造"的转变，就一定要有符合先进标准的制造业。因此，广州首先要选择好重点产业和产业集聚区，开展先进制造业标准化示范试点工作，着力推进汽车制造、石油化工、电子产品、重大装备、造船以及精品钢铁等支柱产业及一批产业集聚区的先进标准研制及标准化示范试点建设。在符合条件的先进装备制造业集聚区，建设若干产品质量监督检测机构，并争取国家支持建设一批国家级检测机构。支持企业采用国际标准，提升装备产品

质量和可靠性。鼓励具有竞争优势的企业，积极参与国家以及国际标准化活动，并争取标准化修订的主导权，壮大"广州制造"。

4. 坚持顶层设计打造"广州标准"

企业积极参与是实施标准化战略引领的关键，鼓励企业严格按照国际标准采标、制标、用标，促进企业实现自主知识产权和核心技术的标准化。积极推进科研院所、高校、企业间加强标准研制，不断提升产业发展的标准化水平。引导市场主体运用标准提升和标准创新手段，促进科技成果产业化，通过积极抢占标准制高点提高企业核心竞争力，推动"广州制造"不断迈向"广州智造""广州创造"。

（三）实施知识产权战略，提高产业的核心技术掌控力

当前中国经济发展进入新常态，创新已成为引领发展的第一动力，知识产权作为激励创新的基本保障，受到越来越多的重视。党的十八届五中全会进一步提出在深化知识产权领域改革的同时，必须加强知识产权保护，致力于推动知识产权交易平台建设。可见，知识产权是面向未来发展的战略性资源。

1. 发挥高等院校、科研机构的先导作用

创新产学研合作发展模式，实施以知识产权为纽带的产学研推进工程，引导、鼓励高校、科研机构与企业开展技术合作，加快重点领域、重点产业与核心关键技术的自主创新，增强包括原创、集成以及消化吸收再创新中的知识产权创造能力，使高校、科研单位成为广州发明专利产出的聚集区。加强广州地区高校的知识产权建设，深入开展国家、省、市试点示范和发明创造活动。

2. 构筑知识产权的园区高地

广州、南沙、增城国家级开发区，要建设引领知识产权和技术进步的"核心园区"，加强知识产权原始创新、高端集聚和整体运营的综合实力，发挥区域示范和辐射作用，使之成为我市培育专利、品牌的集结高地。各级各类高新技术开发区、科技园区，要重点培育运用知识产权制度的"特色园区"，推动自主创新工作取得新突破。重点支柱产业、战略性新兴产业的各类研发中心和产业化基地，要加快知识产权与科技创新体系的有机结合，以自主技术品牌为导向，打造核心技术与核心产业的创新平台。大力支持和推进广州开发区等园区创建国家知识产权示范园区，高起点启动和推进"中新广州知识城"，积极推进共建"国家专利审查协作分中心"的工作，努力打造与国际接轨的知识产权创新先行区。

3. 推进专利、商标、版权战略创新发展

与知识产权战略相衔接，以部门职能工作为主体，积极实施专利、品牌、版权战略推进计划，深入开展各类知识产权示范创建工作。以创造和运用自主知识产权为导向，以提升产业核心竞争力为目标，围绕传统产业转型和建立战略性新兴产业，着力于技术创新、产品质量和管理水平的全面提升，重点培育一批掌握核心专利技术或版权、拥有驰（著）名商标品牌、主导或参与标准制定的有明显知识产权优势的行业骨干企业，以企业核心竞争力提升区域竞争优势。加快培育和发展区域品牌。

4. 加快专利技术产业化进程

充分调动企业、高校和科研院所推动专利成果转化的积极性，对拥有自主知识产权的重大科技成果，优先列入"广州市科技成果转化百项工程"，同时，在战略性新兴产业发展专项资金中重点支持。建立专利技术成果转化扶持专项资金，加大专利产业化项目的资金投入，对中小企业、民营科技企业的专利技术项目给予重点支持，推动技术产业聚集发展，打造特色知识产权产业密集区。对科研机构已经开发并已取得专利且具有市场潜在价值的技术成果，企业可以直接购买，将其转化为现实生产力，加快专利技术产业化进程。

5. 推进自主知识产权标准化

全面贯彻落实《广州市标准化战略实施纲要》，积极促进标准研制与科技创新同步发展，着力加强高新技术产业和优势传统产业标准体系建设，坚持"技术专利化、专利标准化、标准国际化"的战略路线，努力实现重大专利形成技术标准在数量和水平上的新突破。建立健全技术标准的知识产权管理运营机制，加快推进创新型企业、品牌企业的技术标准化工作，培育一批具有自主知识产权的标准化龙头企业。加强标准化与知识产权的预警协作和信息共享，为技术标准化建设提供快捷有效的信息服务支撑。

6. 建立知识产权特别审查制度和保护力度

制定和实施《广州市重大经济活动知识产权审查管理办法》，进行知识产权立项评估、可行性分析和跟踪分析，避免知识产权流失和危害经济安全。建立政府专利成果评估机制，对专利技术转化进行可行性和市场化前景评估，降低专利技术转化实施的市场风险。加大知识产权保护力度，鼓励支持品牌企业注册国内外商标，同时对承接定牌加工业务和贴牌经营企业商标知识产权，要实施跟踪服务。

（四）打造科技园区"升级版"，引导园区内产业升级

园区是加快产业转型、推动广州发展的主阵地、主战场。园区要建成全市转型升级示范区、科技创新引领区，产业集聚发展的主力军。

1. 发挥国家级开发区主引擎作用

南沙：对拥有的双重政策优势（自贸试验区和国家级新区）要抓牢抓好，要高水平谋划利用对外开放和投资贸易便利化，对金融创新15条政策要加紧实施，部际联席会议15条支持事项抓紧落实，不断壮大经济体量，加快建设国际航运中心和物流中心。

增城：充分利用国家级开发区的政策优势，加快传统产业（牛仔服装等）转型升级，加快重点产业（如：低碳总部园、电子五所、健康医疗综合体等）项目建设，对带动能力强的龙头企业要大力引进，同时重视发展中小微金融服务区和普惠金融。

黄埔：抓住区划调整新契机，以"两城一岛"为核心，加紧推进中新知识城上升为国家战略，加快电子商务、检验检测、智能装备、港航服务等专业园区建设，发展知识经济，打造知识产权枢纽和知识密集型产业集聚高地。

2. 推动园区优势产业的集聚升级

东翼产业集聚带。以广州经济技术开发区、增城经济技术开发区、广州科学城、中新广州知识城、增城东区高科技工业基地、广州东部新能源汽车产业基地、阿里巴巴华南（增城）电子商务产业生态园等园区为重点，整合组团内零散园区，布局建设和改造提升一批高水平园区，加快高端要素集聚，构建先进制造业、战略性新兴产业和生产性服务业错位发展、优势互补的产业复合集聚带。着力向产业链高端环节延伸，形成战略性新兴产业核心基地。

南翼产业集聚带。以南沙经济技术开发区、南沙中船龙穴修造船基地、南沙国际汽车产业园、南沙重型装备产业、广州传祺轿车生产研发基地、广州国际生物岛等为重点，整合组团内零散园区，构建高端船舶制造、装备制造、精品钢铁制造等临港产业体系，打造华南地区国际化临港经济中心和珠江三角洲产业升级的重要引擎。

北翼产业集聚带。以广州高新区民营科技园及广州民营科技企业创新基地、白云工业园区、白云机场综合保税区、广州国际健康产业城、广州白云生物医药健康产业基地、花都汽车产业基地、广东从化经济开发区等为重点，整合组团内零散园区，发挥白云国际机场空港的集疏运优势和从化市国家级科技兴贸创新基

地的带动作用,构建北部空港服务、先进制造业和战略性新兴产业带。

西部产业集聚区。发挥中烟广州生产基地、广东光电产业基地等龙头项目带动作用,打造西部特色产业集聚区。

3. 发挥国家级、省级园区引领示范作用

鼓励广州经济技术开发区、南沙经济技术开发区、增城经济技术开发区、广州云埔工业园区、花都经济技术开发区、广东从化经济开发区、广州高新区民营科技园等国家级、省级园区实行"一区多园"发展模式,优化产业结构,突出产业特色,建设引领国内、具有国际竞争力的高端产业集聚区,成为广州园区建设发展的标杆。

4. 打造一批特色园区、创新型园区

发挥大型企业集团产业集聚度高和龙头骨干企业产业链带动性强等优势,支持鼓励大型企业集团和龙头骨干企业规划建设专业园区或在现有园区中规划建设"园中园",重点打造一批具有专业性强、集聚度高、资源集约利用水平高的特色园区。同时,加大存量园区升级改造力度,创新建园办园模式,促进传统园区向创新型园区转型。

(五)优化产学研协同机制,实现产业关键技术的重大突破

科技发明只有引入生产活动才算是创新,科学研究、技术发展、生产营销的一体化会产生产学研各自所无法达到的创新效果,促进科技与经济相互结合,协同创新是重要途径。

1. 加强产学研合作,校企联盟,推动企业产业升级

要全面加强产学研合作,加快建设一批科技创业园区、科技企业孵化器、科技项目中试车间和转化基地。要充分发挥企业主体作用,加快培育一批有较强实力和核心竞争力的创新型企业,有效引导创新要素(如人才、技术、资金等)向企业集聚。支持企业建立创新平台,如国家、省、市级重点实验室,各级工程技术研究中心和博士后工作站等,使这些创新平台真正成为技术创新、成果转化的重要基地。

2. 实施科技创新工程及科技创新成果的转化应用

继续实施"百项产学研重大科技创新工程",加大支持重点重大科技创新项目及产学研合作重大攻关项目,与国家、省科技重大专项联动,在云计算、互联网、生物医药、电子信息与节能等前沿领域,紧紧围绕重点产业,突破一批关键技术。同时,加大技术和科研成果的推广力度。一方面,鼓励企业走产、学、研

联合之路，加快技术改造步伐，增强自主创新能力；另一方面，促进科研院所与当地企业的交流合作，鼓励科研机构、高等院校将新技术、新设备、新材料、新工艺应用于企业的生产经营，实现科技成果就地转化，真正让需求变成技术、让技术转化为成果、让成果转化成产业。

3. 加强与发达国家的产业合作

推动国际产业技术交流合作，积极搭建与世界发达国家和港澳台地区的合作网络，构建一批国际科技合作创新基地和服务平台，开展赴德国、意大利、瑞士等国家的专题招商活动，加强汽车、新能源汽车等领域的对外合作。鼓励骨干企业建立技术创新体系，加强对新兴产业研发机构的引进。支持重大国际科技合作项目，整合利用全球创新资源，提升产业化能力和品牌影响力。

（六）扶持新业态和新商业模式，助推产业升级

互联网、新能源、新材料等技术的重大创新与融合应用，带动了产业形态及商业模式等方面的深刻变革，由此产生了一系列新模式和新业态。特别是面对新技术、新产品、新业态、新商业模式的投资机会，我们必须趋利避害、顺势而为，发挥有效市场、有为政府的作用，加大产业创新和产业升级。

1. 在新业态重要细分领域开展技术科技专项攻关研发

实施《广州市加快新业态发展三年行动方案》，对工业机器人、融资租赁、跨境电子商务、数字展会等实力较强的新业态，通过科技驱动和模式创新，做优做强产业链；对汽车服务等处于成长阶段但竞争力有待提升的新业态，通过培育和引进研发、营销等企业，补齐产业短板；对3D打印、卫星导航、大数据、新能源汽车等处于初创阶段的新业态，通过引进龙头企业，建立健全产业链。建设好南沙新业态综合产业园、番禺南站新业态总部经济产业园、天河智慧城等15个新业态示范园区，培育引进一批新业态示范企业。

2. 以互联网思维促进产业转型升级

用互联网思维和技术推进产业转型升级，培育产业发展新模式。依托新兴互联网技术与互联网思维，根据不同类型产业特征以及面临的瓶颈问题，以互联网思维实现创新"路径突破"。

对传统优势产业，强化与互联网渗透融合，突出抓好"两化"与"两业"的深度融合。促进工业生产及装备制造智慧化升级。着力发展"智慧商务"，深化电子商务与实体经济的融合。加快建设"智慧物流"，加快物联网在大宗工业品物流的应用，开展"无缝衔接"的多式联运全程信息跟踪追溯服务。同时，

引导金融机构开展互联网平台创新,促进"互联网金融"有序发展。对战略性新兴产业,着力培育前沿高端智慧型产业,抢占全球产业链高端。鼓励新媒介移动商务模式创新,打造包括设备制造、网络运营、软件和信息服务产业链,形成移动互联网产业集群。积极发展云计算产业,创新云服务模式。开发面向制造业及中小企业的云服务。突出广州特色,加强大数据关键技术研发及标准制定,发展大数据产业。加快发展物联网产业,推动基于工业4.0的物联网应用,构建从材料、传感器件、网络到服务的物联网产业链。培育3D打印产业,建立3D打印产业联盟及企业孵化器。在工业设计、模具制造、医疗等领域加强3D打印研发。此外,打造"平台+内容+终端+应用"的产业生态圈,培育平台型跨界融合催生的平台经济业态,发展新型业态。

3. 培育新型商业模式

鼓励传统商贸企业开展电子商务交易,壮大唯品会、梦芭莎等一批本地电商企业,引导餐饮企业向大众化、品牌化、规模化发展。完善重点商圈建设,加快信息、健康服务、节能环保等新兴消费,发展检测认证、动漫创意、服务外包等高端商业服务。鼓励运用信息技术和商业模式创新,推动广州"千年商都"向"国际商贸中心"转变。加快专业批发市场升级改造,大力发展"网上广交会",建设2~3个现代化综合展贸园区,推进新塘牛仔城、狮岭皮革皮具城等10个代表性专业批发市场向展贸化、信息化、标准化发展①。

4. 以创新驱动"四大模式"培育产业竞争新优势

一是要加强原始创新。围绕汽车、石化、电子、重大装备、新一代信息技术等优势产业及传统支柱产业加强原始创新,掌握前沿核心技术,保持和巩固广州在相关领域技术和产业的比较优势。二是要加强集成创新。加大集成创新的力度,选择具有较强技术关联性装备制造业、生物医药产业、新兴材料、石化产业等产业,大力促进各种相关技术的有机融合,实现关键技术的突破创新和集成创新。三是要加强引进消化吸收再创新。重点在电子信息、生物医药和海洋产业、新材料、环保和新能源等高新技术产业加强引进消化吸收再创新,促进技术进步和经济发展。四是要加强协同创新。围绕创新目标,突破创新主体间的壁垒,整合互补性资源,实现各方的优势互补。

---

① 金永亮:《广州加快产业转型升级策略研究》,《广东经济》2014年11月4日。

（七）优化创新环境，发挥政府引导和服务作用

提高自主创新的能力和动力，既需要继续完善和发展市场经济体制，也需要进一步发挥政府的推动和集成作用。理论和实践已经证明，科技创新要靠制度创新来保障。只靠市场不能完全解决激励创新制度的有效性，还需要政府的积极参与。

1. 加强创新发展的环境建设

建立政企互动机制，为企业加快发展壮大营造国际化、法治化营商环境。引导企业在营销方式、设计和技术上加快创新，鼓励创新、营造包容失败的创新文化氛围，加大对科技创新活动和科技创新成果的法律保护力度，依法惩治侵犯知识产权的违法犯罪行为，为创新驱动发展营造良好的法治环境、文化环境。同时，构建完善的区域内外交通等基础设施网络，强化教育、医疗、文化等配套服务设施的供给能力和水平，加强水、大气等生态环境治理，打造宜居宜业的现代化大都市。

2. 发展重大产学研创新平台，为产业升级提供支撑

学习借鉴北京中关村经验，进一步明确"2+3+11"平台创新功能定位，建设一批重大科技创新基地，支持一批技术研究中心建设，实施科技企业孵化器倍增计划。继续实施"百个战略性创新平台引进和培育工程"，引进和建设好国家级重点实验室、工程技术中心、工程实验室、企业技术中心等战略性创新平台[①]。深化科技体制改革、协同创新，集聚创新资源，建立健全产学研协同创新机制，为构建产业升级提供技术和服务支撑。

3. 出台一批促进转型升级的政策措施，激发创新活力

加大政府科技投入，更要引导全社会对科技创新投入。扎实推进《广州市科技创新促进条例》立法进程，加大对标准化战略实施工作的统筹协调力度，不断提高标准化战略的推进效率。加紧出台标准化战略资助政策，全力调动企业参与标准化工作积极性。加快企业研发费税前加计扣除、科技企业孵化器、电子商务等政策措施落实，激发企业的创新积极性。

（课题组成员：张强、江彩霞）

[①] 广州市科信局以"三个创新"推动产业转型升级。

广州打造中国跨境电子商务中心的探讨

跨境电子商务作为推动经济一体化、贸易全球化的技术基础,不仅冲破了国家间的障碍,使国际贸易走向无国界贸易,同时它也正在引起世界经济贸易的巨大变革。后金融危机时代,全球经济发展动力不足,跨境电子商务对区域经济尤其是对外贸易具有明显的拉动效应。目前,世界各国都非常重视跨境电子商务的发展,发达国家更是利用其经济、技术优势,抢占跨境电子商务市场份额。在国内,跨境电子商务同样成为众多城市争夺的焦点,以杭州、广州、重庆、郑州为代表的国家跨境电子商务试点城市更是以此为重点,不断促进制度创新、管理创新和服务创新,力争成为跨境电子商务发展的先行者。

一、广州打造中国跨境电子商务中心的战略意义

中国跨境电子商务中心是代表中国跨境电子商务最高发展水平的区域(或城市),其不仅要求该区域跨境电子商务业务量在全国排名第一,同时要求其在模式、制度、管理、服务等方面必须引领行业发展趋势,在国内具有其他区域无法替代的优势,能在电子商务领域代表中国参与国际经贸竞争。目前,广州跨境电子商务业务量占全国的四成,制度、管理创新走在全国前列,模式创新更是层出不穷,优势地位十分明显,大大地促进了广州商贸业乃至区域经济发展,在此背景下广州提出打造中国跨境电子商务中心,对广州具有重要的战略意义。

(一)提升广州国际贸易中心功能的重要抓手

国际贸易中心是广州"三中心一体系"[①]建设的重要组成部分,既是对广州"千年商都"商贸基础与历史文脉的有效传承,也是广州作为国家中心城市参与国际竞争的优势所在。国际贸易中心的建设要求营造国际化的营商环境、提高市场开放程度、提高贸易便利化水平、建设现代市场体系,其中提高贸易便利化水平,促进贸易要素通畅流动,提高贸易效率是保证国际贸易中心高效运营的重要

---

① 三中心一体系指:国际航运中心、物流中心、贸易中心和现代金融服务体系。

保障。跨境电子商务的发展，冲破了国家间的贸易障碍，使国际贸易走向无国界贸易，其核心保障就是要构建基于网络的便捷跨境交易体系。广州打造中国跨境电子商务中心，需要通过深化口岸通关模式改革，加强监管部门协调，提高口岸通关效率，将有利于促进贸易要素通畅流动，提高贸易效率，有效应对 TPP、TIPP①的制约，从而巩固提升广州国际贸易中心的功能。

（二）促进广州产业及经济转型升级的重要路径

当前，广州产业及经济转型升级的任务十分艰巨。虽然广州第三产业占 GDP 的比重已达 65%，但传统服务所占比重大，现代服务业所占比重偏小。制造业虽然在向先进制造业转型，但因为国际经济不景气，市场需求不旺盛，众多制造企业都面临着产品销售问题。跨境电子商务构建的开放、多维、立体的多边经贸合作模式，极大地拓宽了企业进入国际市场的路径，大大促进了多边资源的优化配置与企业间的互利共赢。打造中国跨境电子商务中心，利用跨境电子商务降低交易成本、促进专业分工和提升效率整合广州第一、二、三产业基础，提高制造业科技含量及实现智能制造，促进广州金融、科技、服务和总部经济发展，从而成为促进广州经济转型升级的重要路径。

（三）推动广州创新驱动发展的重要支撑

当前广州正在实施创新驱动发展战略，推动以用户创新、开放创新、大众创新、协同创新为特点的创新 2.0，巩固广州"千年商都"、对外开放桥头堡和华南地区中心城市地位，改变广州现有的生产、工作、生活、交流方式。而刚刚闭幕党的十八届五中全会提出了"五个发展"②战略，其中创新发展位居首位，指出必须把创新摆在国家发展全局的核心位置，不断推进理论创新、制度创新、科技创新、文化创新等各方面创新。广州打造中国跨境电子商务中心，需要在模式、制度、管理、服务等方面实现创新，构建国际化的营商环境，这将成为广州创新驱动发展的重要组成部分，有利于提高广州自主创新能力及综合竞争力从而成为广州实施创新驱动战略的重要支撑。

---

① TPP 是跨太平洋伙伴关系协议，TIPP 是跨大西洋贸易和投资伙伴关系协议。
② 五个发展：创新发展、协调发展、绿色发展、开放发展、共享发展。

（四）广州落实"网络强国战略"的重要举措

党的十八届五中全会提出"实施网络强国战略，实施'互联网＋'行动计划，发展分享经济，实施国家大数据战略"。在这一战略体系中，网络强国是基础，"互联网＋"是手段，大数据运用是核心，三者合起来协同发展，将实现产业结构转型升级、政府治理水平提升、民生改善、国力增强。跨境电子商务作为推动经济一体化、贸易全球化的技术基础，贯穿于这一战略的各个环节，将通过"互联网＋"，利用大数据的分析运用，带动传统经济发展，有效支撑网络强国建设。广州在这一背景下，提出打造中国跨境电子商务中心，是对网络强国战略的强有力支撑，是广州贯彻落实党的十八届五中全会精神的重要举措。

二、广州打造中国跨境电子商务中心的机遇与挑战

当前广州打造中国跨境电子商务中心，"三大机遇"与"两大挑战"并存，总体而言机遇大于挑战。

（一）三大机遇

1. 发展势头好

一是发展规模领跑全国。2015 年广州跨境电商进出口 67.5 亿元，同比增长 3.7 倍，占外贸总值比重上升至 0.8%，其中出口 34.3 亿元，增长 1.7 倍，进口 33.2 亿元，增长 18.8 倍，继续位居全国试点城市前列。2016 年 1—3 月我市跨境电商进出口 26.7 亿元，增长 2.3 倍；其中出口 17 亿元，增长 2.1 倍，进口 9.7 亿元，增长 2.7 倍；跨境电商对进出口增长的拉动率为 1.1%，总规模保持全国领先水平；二是跨境电商企业十分活跃。截至 2015 年 12 月，全市开展跨境电商业务的企业已多达 777 家，其中电商企业 630 家、物流企业 112 家、支付企业 35 家；三是产业集聚效应日益明显。广州现有投资额 5000 万元以上的建成或在建跨境电商园区（不含电子商务园区）11 个，已有包括平台、物流、金融、摄影、配送、翻译、搜索引擎等 500 余家企业进驻园区，产业集聚为跨境电商行业发展提供良好的产业生态。

2. 发展支撑好

发展支撑体现在两方面，一是基础支撑，广州作为"千年商都"，传统商贸基础良好，在经济新常态下，传统商贸正在实施转型升级战略，迫切需要跨境电

子商务作为支撑；二是营商环境支撑，为了促进跨境电子商务发展，广州推动了一系列政策创新，包括率先实施"海关快速验放"监管模式和"政府购买查验服务"，不断深化工商登记制度改革等，"清单核放、汇总申报""进口商品负面清单管理""生产性企业零售出口退免税""商业单证、电子数据作为收结汇凭证"等政策在广州充分实践和日渐成熟，以投资贸易便利化和生活服务便利化为主线的市场化、法治化、国际化营商环境建设不断推进，为跨境电商发展营造了良好的发展环境。

3. 发展时机好

跨境电子商务以其全球性、即时性、便捷性的特点，使国际贸易省去很多中间环节，已经成为后金融危机时代全球各国都大力发展的一种新兴的国际贸易模式。与我国实现交易的跨境电商遍布全球，在欧美市场份额不断扩大的基础上，不断开发阿根廷、以色列、巴西、俄罗斯等新兴市场。随着中、日、韩自贸区协定等一对一贸易协定的签署，更加有利于广州跨境电商企业走出国门，布局海外市场。此外，我国大力推行"一带一路"战略，作为"海上丝绸之路"的桥头堡，广州利用这一时机建设跨境电商的"网上丝绸之路"，打造中国跨境电子商务中心，是对"一带一路"战略的积极响应，将得到国家政策与资源的大力支撑。与此同时，国务院、商务部、海关总署等相继出台的系列政策，很大程度上优化了通关、出口退税、外汇结算等流程，为广州跨境电商的发展营造了良好的市场环境。

（二）两大挑战

1. 国际贸易形势日趋严峻

作为跨境电商发展的背景与基础，后金融危机时代的国际贸易形势不容乐观。一是世界经济复苏缓慢，从我国主要出口地区制造业 PMI 来看，美国等仍在底部徘徊，欧洲和日本虽然近期复苏势头较为稳定，但扩张力度仍偏弱势、复苏基础并不牢固，国际市场需求持续低迷。二是国际贸易壁垒频现，不利于广州乃至我国跨境电商的发展。以美国等发达国家主导的各类协定，使中国商品面临更大的制约。

2. 国内城市竞争十分激烈

跨境电子商务被称为"电子商务领域最后一块蛋糕"，各地展开了激烈竞争。当前，国内的许多城市都在大力布局跨境电子商务战略，尤其是以杭州、重庆、郑州等国家电子商务试点城市为代表的城市，更是不断出台新的政策，布局跨境电子商务集聚区，创新跨境电子商务发展模式与制度，力求实现规模、质量的新突破。除之前获批的中国（杭州）跨境电子商务综合试验区，2016年1月，国务院又正式批复了包括广州、深圳、郑州等城市在内的12个跨境电子商务综合试验区，目前这些综试区大多已经出台实施方案，正在大力推进建设进程。众多城市的跨境电商飞速发展，对广州形成较大竞争，尤其是杭州拥有像阿里巴巴这样的龙头企业，对广州打造跨境电商中心地位形成较大影响。

三、广州打造中国跨境电子商务中心的对策建议

跨境电子商务在广州已经有较好的基础，且当前时机难得，打造中国跨境电子商务中心势在必行。未来应围绕"三中心一体系"建设目标，以前瞻视野和战略思维进一步布局跨境电子商务，促进广州经济再创辉煌。

（一）以广州城市发展战略的高度推进建设

跨境电子商务前景广阔，商机无限，打造中国跨境电子商务中心对广州意义重大。广州要充分利用跨境电子商务综合试验区建设契机，一是要抓住国家实施网络强国战略的机遇，在战略层面上高度重视，把发展跨境电子商务，打造中国跨境电子商务中心，作为广州增强新一轮发展动力的重大工程，列入广州城市发展战略；二是加强对综试区建设的组织领导，成立"中国（广州）跨境电子商务综合试验区建设领导小组"，负责协调与推进具体建设工作；三是成立"中国（广州）跨境电子商务综合试验区建设专家委员会"，邀请国内外跨境电子商务精英、学者为中心建设出谋献策；四是按照省政府制定的《中国（广州）跨境电子商务综合试验区实施方案》，明确建设目标与重点任务，尽快推进综试区建设，力争早日推进、早出成效。

（二）创新跨境电子商务配套政策

国家相关部门对跨境电子商务已经出台若干政策，但在具体实施中还有诸多问题需要解决，政策的落实还需要磨合。广州要积极发挥国家跨境电子商务试点城市与自贸区叠加的优势，针对跨境电子商务仍然存在的"三个碎片化、三不、

三难"问题①，主动推动跨境进出口政策的落实与创新。同时，要在跨境电子商务的管理体制上进行创新，推进监管体系创新，实现便捷通关业务流程，如对跨境电商采取分类管理，创新跨境电商转关模式，简化商品备案流程及申报手续等，在规定权限内进行突破，出台有利于建设中国跨境电子商务中心的管理政策。

（三）构筑广州特色的产业生态体系

中国跨境电子商务中心应当有完整的产业生态体系作为支撑。广州跨境电子商务产业已经具备一定规模，但因为企业主体规模与创新能力、企业相互配合成熟度、支撑体系等方面还有所欠缺，尚未能构成具有广州特色的完整产业生态体系。未来，广州应当从信息共享、电商金融、智能物流、信用服务、风险防控和数据挖掘等方面着手，构建投资贸易便利、监管高效便捷、法制环境规范的跨境电商产业生态环境。在此基础上积极引进培育龙头企业，引导优势行业企业加强合作互动、兼并重组，培育形成具有较强影响力的跨界融合型企业。重点跟踪一批特色鲜明、成长性好的跨境电子商务小微企业，培育企业快速成长。着力打造以骨干企业为龙头，带动一批中小微企业发展的产业集群。

（四）打造跨境电子商务集聚平台

中国跨境电子商务集聚平台的概念包含两方面，一是打造实体平台，在广州"1+1+9"的电子商务发展布局基础上，考虑跨境电子商务发展布局。在琶洲互联网创新集聚区预留跨境电商版块，引进国内外跨境电商龙头企业总部入驻，以南沙自由贸易试验区、白云机场综合保税区、广州保税区等海关监管区域为依托，分类建设海港型和空港型跨境电子商务集中监管园区，以广州空港跨境电商试验园区、状元谷跨境电子商务监管中心、开发区科学城跨境电商园区、南沙跨境电商孵化园为重点，加快完善软、硬设施投入，扶持和培育跨境电商发展新平台。二是构建"单一窗口"公共服务平台，建立数据标准和认证体系，与海关、检验检疫、税务、外汇管理、商务、工商、邮政等政府部门进行数据交换和互联

---

① "三个碎片化、三不、三难"问题：指跨境电子商务的商品碎片化、贸易主体碎片化和管理政策碎片化，导致现行监管政策制度与跨境电子商务发展需求"不适应"、政府监管部门之间"不协同"、跨境电商企业运作"不规范"等体制性问题，以及电商企业在实际运营中面临的"通关难、退税难、结汇难"问题。

互通，为经营主体提供企业备案、商品备案、汇总申报等一站式服务，实现跨境电子商务领域的"一次申报、一次查验、一次放行"和相关业务的"单一窗口"办理。

（五）积极争取广州专属的创新权限

广州既是国家跨境电子商务试点城市，也正在建设跨境电子商务综合试验区，但这些对广州打造中国跨境电子商务中心所需要的创新范围还有一定差距。而且无论是试点城市还是综合试验区，都是由若干城市共同拥有，尤其是综合试验区更是由杭州提出，对广州而言都不具有唯一性，对中国跨境电子商务中心的支撑尚显不足。建议广州根据自身实际，结合产业基础、毗邻港澳优势，设计专属的试点称号，构思具有广州特色的跨境电子商务改革创新体系，向国家相关部门申报，争取更大的跨境电子商务试点范围及试点权限。

（六）积极引入跨境电子商务人才

将人才引进奖励政策向跨境电子商务领域倾斜。对接产业需求，利用广州留博会等人才公共服务平台，为人才引进、培育等提供专业服务。利用"千人计划"等，积极引进跨境电子商务高级管理人才和产业领军人才。利用广州高校云集的优势，引导高校加强广州跨境电子商务的人才培养、科学研究与成果发布。支持高等院校、职业院校和社会培训机构开设与跨境电子商务发展相关联的专业和课程。加强院校、培训机构与企业间合作，提升人才培训实效。由政府组织或鼓励有实力的跨境电子商务企业举办各类技能大赛或创新、创业活动。建立电子商务人才创业创新支持体系，积极支持创新人才开展跨境电子商务商业模式创新和技术创新，同时制定专项扶持政策，建立跨境电子商务创业孵化平台和机制，为中小微电子商务企业创业发展提供条件。

（七）加强跨境电子商务的国内外合作

按照优势互补、互利共赢的原则，以点带面深化跨境电子商务的交流与合作。一是加强与港澳地区的合作，利用港澳良好的国际营商环境，探索对港澳更深度的开放，以港澳良好的服务促进跨境电商业务的进一步发展，提升跨境电商的服务能力和服务质量；二是与国内其他城市加强合作，由广州作为发起城市，建立互利共赢的跨境电子商务区域产业联盟，发挥各自产业优势，加强产业共建，共同应对国际贸易瓶颈与障碍，共谋发展路径；三是加强与国际社会的合作，国际合作的重点是在物流、支付、结算、信用等领域，加强与市场主体国家的沟通，建立合作机制，为双方跨境电子商务发展提供更好的支撑。

（八）积极争取掌握行业"话事权"

中国跨境电子商务中心不仅要在国内具有引领作用，在国际上也要占有相当重要的分量，在跨境电子商务行业规则制定、纠纷处理方面有无可争议的地位。一是广州应当积极开展跨境电子商务政策法规创新研究，为跨境电子商务政策法规和国际规则的研究制定提供决策参考。二是要积极参与到跨境电子商务国际规则的构建中去，积极协调全球各类经济组织和司法机构，探索建立适合跨境电子商务发展的国际通用规则，共同建立跨境电子商务纠纷处置和消费争议解决机制，争取广州在这方面的主动权。三是发起国际跨境电子商务产业联盟，以定期会晤、高峰论坛、行业会展等形式，开展多样的联盟活动，提高广州跨境电子商务的行业影响力。

（课题组成员：罗谷松、陈来卿）

打造"千亿级"广汽自主品牌乘用车产业集群面临的主要问题和对策

汽车产业是广州的第一支柱产业,在推进广州经济持续快速发展中扮演了重要角色。如何在经济发展新常态及汽车产业竞争激烈的背景下,更好地抓住自主品牌汽车发展的最后战略机遇期,传承广汽传祺跨越发展的良好势头,打造"千亿级"广汽自主品牌乘用车产业集群,进一步做大做强广州的汽车产业及主动掌控广州汽车产业发展的未来,对广州经济发展上水平意义重大。

一、成就瞩目:广汽乘用车实现了跨越式发展

广汽乘用车依托广汽集团整合全球资源,大力发展传祺自主品牌乘用车,凭借 SUV 产品的热销实现跨越式发展,仅用 4 年的时间就实现产销规模突破 10 万辆,媲美广汽本田创造的"广本速度[①]",塑造"传祺速度",实现广州自主品牌汽车知名度提高和企业盈利。

(一)广汽传祺是中国自主品牌汽车发展的新亮点

随着国内汽车市场竞争日趋激烈,近几年自主品牌汽车整体增长速度呈现下滑趋势,而广汽乘用车却逆势发展,实现产销量高速增长,成为中国自主品牌发展的新亮点。广汽乘用车通过整合全球优势供应商和研发机构资源,依托广汽研究院坚持正向开发,成功打造"传祺"乘用车品牌。2012—2014 年间,广汽乘用车汽车销量年均增长速度高达 89.8%,同期销量最高的自主品牌汽车——长城汽车销量年均增速仅为 8.5%,而全国自主品牌乘用车的年均增速只有 8.1%(见表 1)。

---

① 本田汽车进入广州后,用 5 年的时间实现产销规模突破 10 万辆,创造了国内汽车行业的发展速度新标杆。

表1 2012—2014年广汽乘用车与全国自主品牌销量增速情况比较

（单位：%）

车企	2012年	2013年	2014年	近三年平均增速
广汽乘用车	92	158	37	89.8
长城汽车	28.3	21	-2.4	8.1
全国自主品牌	6.1	11.4	4.1	8.5

广汽乘用车依托自身的技术研发优势，将继续把握国内SUV市场高速增长机遇，不断顺应市场推出新SUV产品，有望继续保持快速增长，形成"南有传祺，北有红旗"高端汽车自主品牌格局。

（二）广汽传祺是广州汽车产业发展的新增长极

受国内汽车市场增速放缓影响，广州主要日资整车企业增速也明显下降，而广汽传祺的快速发展使其成为拉动广州汽车产业发展的新增长极。2014年，广州汽车制造业总产值达3642亿元，占全市工业总产值20%，产业增加值占全市GDP比重已经超过9%。其中，广汽传祺自主品牌汽车产值达108亿元，传祺自主品牌汽车产值在2011—2014年期间年均增速高达82%，占全市汽车工业总产值的比重由2011年的0.58%升至2.96%；产量达11.7万辆，占全市汽车总产

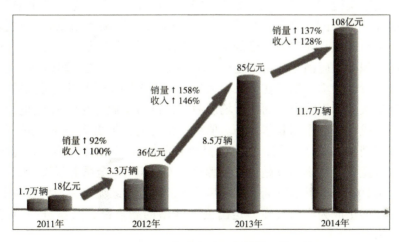

图 2011—2014年广汽乘用车销量和收入情况

量的比重由 2011 年的 0.92% 增至 5.93%，对全市的税收贡献达 16 亿元。广汽传祺品牌快速崛起为广州汽车制造业转型升级奠定了坚实的基础，成为广州汽车产业发展的新增长极。

（三）广汽传祺是广州汽车自主研发创新能力提升的新标志

广汽传祺作为广州汽车工业的首个汽车自主品牌，通过推出高性能涡轮增压发动机、可插电混合动力汽车等产品彻底改变了广州汽车技术研发严重依赖外资汽车企业的状况，广汽传祺已成为广州汽车自主研发创新能力提升的新标志。广汽自主品牌依托广汽研究院，逐步开展整车、动力总成、核心零部件和先导技术等研发，形成了具有混合欧美日系风格，又独具广州特色的"广汽研发生产方式"，为广汽乘用车发展提供强大技术支撑。在 2013 年度的国家发改委全国企业技术中心评价排名中，广汽研究院在全国所有行业 883 家国家级技术中心位列第 17，在汽车行业中处于领先。目前，广汽传祺已经形成 3 个车型主导自主开发能力和规模，建成"A00、A0/A、B、C"等级别自主品牌常规乘用车车型平台及一个电动车专用平台；掌握了电动汽车集成控制关键技术，实现增程式可插电混合动力新能源汽车的量产化，增程式电动传祺 GA5 是国内少有的已量产的混合动力汽车产品。

（四）广汽传祺是广州实施"走出去"战略的名片

作为国家实施"一带一路"战略的重要节点，广州实施"走出去"战略急需具有国际竞争力的新产品，而广汽传祺一直以创新驱动发展，通过技术、体系、文化创新实现品牌突破，已经具备"走出去"的能力和潜力。广汽传祺在成立之初便积极顺应国际潮流，通过 2012 中澳沙漠大穿越、2014 人文使者·中法亚欧万里行等活动，以及在好莱坞大片《变形金刚 4》上可圈可点的表现，逐渐在全球扩大品牌影响力。而在市场层面，传祺出口业务在中东及南美市场实现局部突破，成功进驻中东豪华市场。值得一提的是，传祺 2013 进入科威特市场，去年科威特销量增长了 3 倍，占中国品牌销量的 40%，位居第一，与日本、韩国品牌直接竞争。传祺不仅是自主品牌首个 C－NCAP 全系五星安全家族，还连续两年获 J. D. Power 新车质量中国品牌第一，以可持续竞争力成为自主品牌引领者，广汽传祺正成为广州实施"走出去"战略的新产品，具备进一步走向国际市场的潜力。

(五)广汽乘用车千亿级产业集群建设初显成效

广汽乘用车通过整车项目带动了大批国内零部件企业集聚园区发展,千亿级汽车产业集群建设已经初显成效,极大地改善了之前广州整车企业主要靠外资零部件企业配套发展的局面。目前,广汽乘用车配套主要零部件企业有广州鞍钢股份有限公司、广州江森汽车内饰系统有限公司、申雅密封件广州有限公司、广州广汽优利得汽车内饰系统研发有限公司、广州广汽获原模具冲压有限公司等知名零部件企业17家,总投资预计超过30亿元,到2016年产值达到71亿元。在广汽乘用车整车企业的强力带动下,番禺汽车产业快速发展,使番禺成为广州汽车自主品牌新引擎,成为广州第五个汽车工业总产值突破100亿的汽车产业基地(见表2)。2014年广汽乘用车汽车产业基地规模以上汽车制造业完成产值129.69亿元,近3年年均增长速度达到84.74%,远远高于全市汽车制造业工业总产值的增长速度,占全市汽车制造业总产值的比重达到3.56%。

表2 2012—2014年广汽乘用车汽车产业基地发展情况

项 目	2012年	2013年	2014年
广汽乘用车汽车产业基地工业产值	38	100.87	129.69
增速(%)	102.13	115.1	31.5
占全市的比重(%)	1.14	3.01	3.56
全市汽车产业工业产值	3346.84	3346.84	3642.44
增速(%)	24.00	22.99	10.3

随着广汽乘用车第二个年产能10万辆整车工厂建设的顺利推进以及广汽菲亚特整车项目落户,广州全新的千亿级汽车产业集群建设雏形初现。

二、瓶颈凸显:打造"千亿级"广汽自主品牌乘用车产业集群面临的主要问题

(一)产能规模偏小

汽车制造业作为资金、技术密集型产业,只有产销规模达到一定程度才能实

现规模效应和形成竞争力。目前,广汽乘用车规划年产能仅有20万辆,离能产生规模效应和自我良性发展的基本规模30万辆还有一定距离。起步发展势头很好的广汽乘用车产能规模偏小,市场占有率和竞争力还比较低,与国内其他自主品牌汽车企业、合资品牌汽车企业和国外汽车企业产销规模差距比较大。产销规模偏小制约了广汽乘用车进一步做大做强、竞争力提升和可持续发展。

(二)用地供给严重不足

当前,用地规模不足和用地指标缺少严重制约了广汽乘用车增产扩能计划的实施,成为制约广汽乘用车加快发展的最大瓶颈。广汽乘用车拟规划建设第二、第三工厂及新能源汽车基地所需要的用地面积为2670亩。广汽乘用车按照年产50万辆产能一次规划,分期建设(首期年产20万辆)。广汽菲亚特现也落户广汽乘用车基地建设。根据广汽乘用车发展所需用地规模,广汽乘用车基地一期周边虽有可供增产扩能的部分空地,但按照已上报国务院的《广州市城市总体规划(2011—2020)》,这些可供增产扩能的空地及地块为生态控制区用地,现行控规的用地性质则为耕地,导致这些土地无法利用或无法尽快调整使用。同时,番禺区即使通过深度挖潜也无法完全满足广汽乘用车增产扩能对用地的需求。用地规模和用地指标如果不尽快解决,将直接影响广汽乘用车发展规划实施、相关汽车零部件企业集聚和千亿级自主品牌汽车产业集群的打造,进而对广汽集团做大做强及广州汽车产业发展带来整体影响。

(三)产业配套和环境建设相对滞后

广汽乘用车经过4年多的发展,虽然整车工厂、研究院等已经逐步建设完善,但围绕广汽乘用车整车厂的零部件企业发展载体建设滞后、空间缺乏,集聚的零部件企业还较少,这对广汽传祺自主品牌汽车产业链形成和竞争力提升带来影响。同时,广汽乘用车基地周边的交通、生活等基础和公共配套设施建设还相对滞后,公共与生活服务产品供给缺乏,不能满足现代汽车产业基地建设发展的需要。

(四)发展竞争非常激烈

随着我国汽车市场连续6年成为全球最大汽车销售市场,各汽车品牌之间的竞争日趋白热化,自主品牌汽车发展面临比以往更加激烈的竞争。与国内其他自主品牌汽车相比来看,广汽乘用车作为地方国有企业,传祺品牌的发展与上汽集团荣威、北汽集团绅宝、东风集团风神、一汽集团奔腾等自主品牌相比,广汽乘用车的传祺品牌产销规模仅次于一汽奔腾和上汽荣威,差距不大。但与民营自主品牌相比,汽车产品类型、产销规模、技术等方面都还存在较大差距(见表3)。2014年,长城汽车销量高达73万辆,奇瑞汽车销量达到43.05万辆,吉利汽车为42.44万辆,比亚迪达到43.77万辆。

表3 2012—2014年国内国企自主品牌销量情况比较

(单位:万辆)

品 牌	2012年	2013年	2014年
广汽传祺	3.24	8.46	11.67
长城汽车	62.00	62.74	73.00
上汽荣威	12.25	15.20	12.73
上汽MG	7.75	7.72	5.27
东风风神	6.02	8.01	7.99
一汽奔腾	7.50	12.12	17.94
一汽红旗	0.013	0.29	0.27
吉利汽车	48.3	54.94	42.44
奇瑞汽车	56.33	42.32	43.05
比亚迪	45.6	50.62	43.77

(五)政府支持力度有所减弱

汽车产业自2006年成为广州第一支柱产业以来,对广州稳固全国第三大城市地位贡献了巨大力量,然而随着房地产、电子信息等产业的快速崛起,市委、市政府对汽车产业的重视和支持力度均有所减弱,扶持整车企业发展的政策和投入也远不及国内其他城市。汽车产业作为资金和技术密集型产业,具有显著的产业带动效应,是各地方政府极力争抢的大项目。如佛山南海政府2010年为了签约大众汽车,给出了"免地租厂房,还给出50亿元扶持资金"的优惠政策。广汽乘用车是广州汽车产业未来发展的希望和重要增长极,若能解决用地规模和指标问题，极有可能在不长的时间内再造千亿级汽车产业集群。面对经济发展新常态，广州应该再次重视汽车产业发展，尤其是要加大对广汽传祺自主品牌和新能源汽车发展的支持力度，促进其快速发展及做大做强，防止相关瓶颈带来的约束或外迁其他城市发展。

三、掌控未来：打造"千亿级"广汽自主品牌乘用车产业集群的对策建议

（一）发展目标：产销100万辆、产值1000亿元

广汽乘用车于2010年9月建成年产10万辆整车、10万台发动机的整车工厂；2014年10月，通过扩能形成20万辆/年规模。得益于国内汽车市场持续发展，如果能够解决第二、三工厂的用地规模和指标问题，广汽乘用车产销规模有望2017年形成50万辆规模，出口比例10%；到2020年形成100万辆规模，出口比例20%，产值突破1000亿元（见表4），广汽传祺逐步成为更多国际、国内消费者喜爱及世界级的中国品牌。

表4　2011—2020年广汽乘用车产销和收入预测

（单位：万辆、亿元）

年份	2014	2015	2016	2017	2018	2019	2020
产销	11.68	16	30	50	65	80	100
收入	108	145	280	450	640	780	1000

（二）发展意义：掌控广州汽车产业未来

1. 主动适应经济新常态，强化广州汽车支柱产业地位

随着经济新常态的到来，广州经济发展速度明显放缓，但汽车产业仍将是广州经济发展的强大引擎，仍是广州稳增长、调结构的重要推力。在新常态下，广州经济社会发展面临调结构及转型升级的压力，2014年广州的工业发展速度放缓（见表5），但受广汽传祺品牌快速发展影响，汽车制造业仍然保持两位数增长，增速和对全市工业的贡献率明显高于同为支柱产业的石油化工制造业、电子

产品制造业。因此，非常有必要通过发展自主品牌再造千亿级汽车产业集群，有助于进一步强化全市汽车产业的支柱地位。

表5 2014年广州汽车制造业产值情况

指标名称	单位	累计	增速（%）
规模以上工业总产值（现价）	亿元	18184.92	7.90
三大支柱产业	亿元	8656.63	8.80
汽车制造业	亿元	3642.44	10.30
汽车零部件制造业	亿元	973.07	8.60
电子产品制造业	亿元	2320.63	7.40
石油化工制造业	亿元	2693.56	8.00

2. 做大自主品牌规模，促进广州汽车品牌多元化发展

广州汽车产业急需改变以日系品牌为主导的局面，急需发展自主品牌及引进欧美汽车企业入驻，促进广州汽车品牌多元化发展。自本田汽车于1998年进入广州以来，日产、丰田、日野等日资整车及相关零部件企业相继入驻广州抱团发展，广州汽车工业得以快速崛起并在2008年成为国内最大的轿车生产基地，但这种过于单一的品牌结构使得广州汽车难以适应复杂多变的经济发展环境，抵御国际市场风险能力较弱。2010年年底爆发的中日政治事件使得高速发展的广州汽车产业首次出现负增长，而同期上海、北京、重庆等主要汽车生产城市则仍然保持快速增长。目前，广汽传祺的快速崛起，使得自主品牌已经成为广州汽车品牌的重要一极，但还需要进一步提高产销规模。

3. 推动广汽集团上水平，增强本土500强企业国际竞争力

广汽集团作为广州本土培育的第二个世界500强企业，但主要是依靠合资企业支撑，急需加大力度发展自主品牌，增强广汽集团的竞争力，以巩固世界500强企业地位。广汽集团于2013年首次跻身于《财富》世界500强企业，排名第483位；随着广汽传祺品牌的快速发展及产业链不断延伸，广汽集团的世界500强企业排名也呈现较快上升，2014年广汽集团排名第366位，在汽车类企业中排名第27位。

表6 2014年广汽集团与其他世界500强汽车企业比较

同行业排名	500强排名	公司名称	营业收入（百万美元）
1	8	大众公司	261539.1
2	9	丰田公司	256454.8
4	21	通用汽车	155427
6	26	福特汽车	146917
7	45	本田汽车	118210.5
8	61	日产汽车	104635.8
9	68	宝马集团	100971.7
10	85	上汽集团	92024.8
12	111	一汽集团	75005.6
13	113	东风汽车集团	74008.2
20	248	北汽集团	43323.9
27	366	广汽集团	32775.6

但广汽集团与国内外其他汽车企业之间的差距依旧较大（见表6），2014年上汽集团的营业收入是广汽集团的2.8倍。因此，广汽集团在进一步加强与国际汽车企业合资合作发展的同时，更需要集聚资源及加快广汽传祺等自主品牌发展，增强广汽集团的竞争力。

4. 提升全市汽车技术研发创新能力，摆脱汽车技术依赖

发展广汽传祺自主品牌，有助于摆脱之前广州汽车工业技术长期依赖外资企业的局面，提高整车企业创新的同时，辐射带动民营汽车零部件企业提高创新积极性，从而全面提升全市汽车产业创新能力。一直以来，广州本土整车企业的技术研发由外资方全面掌控，由于研发创新远离国内市场，难以把握市场最新变化，导致新产品的推出存在明显滞后性。广州零部件企业大部分都是直接依附于日系汽车的日资零部件企业，研发与制造分离，技术同样主要由外资方掌控。同时，由于日系整车企业零部件采购体系封闭，只有一级零部件供应商才能进入整车企业研发设计环节。广州本土的自主汽车零部件企业只能作为三级、四级甚至五级供应商，大部分只能生产技术含量较低汽车配件，导致自主品牌零部件企业创新动力不足。因此，通过加快广汽乘用车的技术及产品创新，有利于提升广州汽车产业创新水平。

（三）对策建议

1. 高度重视广州自主品牌汽车发展，加大政策支持力度

随着自主品牌汽车以及新能源汽车产业的快速发展，以日资整车企业为主的广州汽车产业结构产生了巨大变化，面对经济社会发展新常态，市政府需要重新重视汽车产业发展，加大支持力度。自2006年成为广州支柱产业以来，广州的汽车产业一直保持较快发展态势，为广州经济增长、巩固全国第三大城市地位做出了巨大贡献。纵观国内汽车产业发展形势，我们预测在"十三五"时期汽车产业仍然是广州经济社会发展不可或缺的支柱产业。广州汽车产业未来发展的重点在于自主品牌和新能源汽车，而面对来自合资品牌的巨大竞争压力，没有市政府的重视和支持，广汽乘用车有可能错失发展良机而难以发展成为具有国际影响力的汽车品牌。为更好地抓住自主品牌汽车发展的最后战略机遇期，建议市委、市政府应适时出台有关广汽自主品牌汽车专项支持政策，从政策、用地、技术创新、新能源汽车发展等方面加大扶持广汽传祺发展的力度，更好掌握广州汽车产业发展的未来。

2. 保障用地供给，扩大发展空间

制约广汽乘用车进一步发展最大瓶颈就是扩产需要用地指标和规模限制，导致无法在番禺原有工厂附近建设第二、三工厂，并影响加快发展形成规模化的自主品牌汽车产业集群。破解用地及发展空间制约，是当前广汽乘用车做大做强的关键，也是扩大广汽乘用车市场占有率的关键。广汽乘用车作为本土培育极具发展潜力的汽车企业，只需要落实用地指标和规模，即可能再造一个千亿级产业集群。在全市建设用地较为紧张的情况下，为保障广汽传祺增产扩能及番禺乘用车基地建设对用地及发展空间的需要，一是要积极盘活全市现有可用建设用地指标，科学合理回收效益差、产能低项目的用地指标，为广汽传祺等优质项目腾出用地指标和规模。二是要积极争取省政府及国家的支持，将广汽传祺拟规划建设的第二、第三工厂的地块调整为可建设用地，以尽快落实增产扩能所需2670亩用地的需求。三是番禺区要努力通过深度挖掘及集约节约用地，多渠道保障广汽乘用车基地建设的用地需求。

3. 加快配套及环境建设，创造良好的发展环境

集群式发展是现代产业发展一大趋势，完善产业链条是推动产业集群发展的必然选择。要围绕广汽乘用车、广汽菲亚特两大整车制造企业，开展有针对性的汽车零部件展开招商引资。鼓励支持本土汽车内饰件、汽车电子、汽车铸造等零部件企业与新广汽自主品牌乘用车整车企业建立产业链联系，合理规划布局配套产业园与整车企业位置关系，做好园区基础设施、标准化厂房等配套产业园承接工作。与此同时，强化汽车售后服务作为延长汽车产业链的重要一环。要改善广汽乘用车基地的内外交通条件，保障汽车整车和零部件的物流配送。加快生产生活配套，加速聚集人气。在投入产业基地基础设施建设的同时，加快基地市政、信息网络、公共交通、商业、餐饮、教育、文化、居住、休闲娱乐等市政基础和公共配套服务设施建设，增加公共服务产品供给，完善生产、生活和创新创业环境，增加基础对各类企业、各类人才的吸引力。

4. 着力技术及产品创新，大力发展智能化新能源汽车

已经掌握核心技术的广汽乘用车跨越发展及有别于广州的其他合资企业的地方，在于能够根据市场情况加快技术创新和快速推出新产品，积极抢占市场份额。然而，在国内外汽车市场竞争日趋激烈及汽车技术、产品创新风起云涌的背景下，广汽乘用车及传祺也面临巨大的发展竞争压力，但归根结底是技术及产品创新的竞争力。技术及产品创新是汽车企业发展的动力。要发挥广汽乘用车及广汽集团的主体作用和市政府的引导作用，抓住实施"中国制造2025"战略、工业4.0、"互联网+"、新能源汽车大发展等机遇，聚集资源和力量，促进广汽传祺加强低碳化、信息化和智能化汽车核心技术的研发创新，实现广汽传祺智能化与新能源汽车同国际先进水平接轨发展，进一步提高广汽自主品牌汽车的创新力和竞争力。面对经济发展新常态及国内汽车市场竞争日趋激烈的环境，市政府应进一步重视自主品牌汽车的发展，加大广汽乘用车技术创新的支持力度，特别是新能源汽车、智能及无人驾驶汽车的技术研发，以此进一步增强广州汽车制造业可持续发展能力。

5. 加强宣传推介，强化"北有红旗，南有传祺"的品牌形象

产销规模已经突破10万辆的广汽传祺已经具备了塑造品牌影响力的条件，广汽乘用车应依托广汽集团集中力量做好传祺品牌，加强其宣传推荐，形成"北有红旗，南有传祺"为引领的中国自主品牌汽车形象。一是要集中优质资源做好传祺品牌。由于技术积累和产销规模不足，奇瑞、上汽、长安等国内汽车企业的多品牌战略均已失败告终，因此，广汽乘用车需要集中精力做好做精产品，

为提升品牌影响力奠定坚实基础。二是要积极利用各种渠道加强传祺品牌宣传。充分利用广交会、汽车会展、泛珠三角与一带一路平台、国际友城平台等各种有国内外影响力的大型活动和载体，以及现代新媒体网络等多样化平台，加强对广汽传祺品牌的宣传，传递中国自主品牌汽车的正能量。同时，鼓励出租车行业等使用传祺品牌汽车。

6. 鼓励"走出去"，扩大发展版图

把握区域合作发展、自由贸易试验区和"一带一路"建设、国际产品合作及对外大开放的契机，鼓励广汽自主品牌乘用车"走出去"及至国内和国外建设生产基地，从而更便捷地接近消费市场、降低成本和提高竞争力。依托国内区域合作发展，尤其是泛珠三角区域合作深化发展，积极与国内知名的汽车零部件集成服务商和零部件龙头企业开展合作，在整车开发、零部件研发、节能与新能源汽车、物流运输、汽车贸易与金融等领域展开合作，在西南、华北等地区建设广汽传祺新的整车及零部件生产基地，拓展国内市场及提升国内市场占有率。在对外"走出去"方面，依托"一带一路"建设、国际友城合作和国际产能合作，建设传祺海外生产基地，拓展国际市场及提高国际竞争力和影响力。

注：此文刊发于《合作经济与科技》2015年第21期。

（课题组成员：杨再高、陈来卿、巫细波）

社会文化篇

广州市城市道路开挖的对策研究

一、研究背景

作为国家中心城市和人口超过千万的超大城市，广州市在城市建设方面曾创造了许多先进经验，成为全国城市建设学习的典范。特别是近年来，广州市通过大规模的城市建设，带来了超常规的城市发展，既促进城市空间布局优化，也改善了城市基础设施和人居环境。

但是值得注意的是，快速的城市建设也带来一些城市问题，城市道路开挖就是其中之一。城市道路开挖虽是城市基础设施规划建设、城市更新不可避免的行为，但城市道路作为涉及市民交通出行和日常生活的项目，因城市道路开挖管理中存在的薄弱环节而造成的反复、无序开挖不仅使部分路段的交通严重堵塞，带来市民出行不便，日常生活受到干扰，也造成了城市资源的重复配置和资源浪费，甚至引发了"拉链路""路脆脆"等代表性问题。

中共广州市委书记任学锋在市委第十届第六次全会上明确提出了"加强城市规划建设管理和城市治理，建设'干净整洁、平安有序、便利高效、充满活力'的生态宜居宜业城市环境"指导思想。在此指导思想下，如何合理、有序地规范和指导城市道路开挖工作，成为摆在市委、市政府决策者面前的重要问题。

根据陈如桂常务副市长指示，"请社科院开展城市道路开挖等调研分析，提出对策建议"。基于此，广州市社会科学院城市管理研究所课题组在2014年12月至2015年3月期间，对城市道路开挖相关的主管部门如广州市交通委员会、广州市城市管理委员会、各区道路开挖主管部门以及各建设单位，并选取了荔湾区荔湾路、天河区天河路、海珠区工业大道、白云区云城西路等典型城市路段进行实地调研，对承接道路开挖的多家施工单位等进行了详细访谈，试图总结广州市城市道路开挖的现状，查找存在的突出问题，借鉴国内外先进城市道路挖掘管理方面的管理经验，提出对策建议，在此基础上形成了本研究报告。

二、广州市道路开挖的基本流程

（一）开挖前

广州市城市道路开挖施工前的主要程序有三个部分，包括编制计划、部门审批与开挖许可。

1. 编制计划

编制计划环节主要包括编制"纳入全年占道项目需求库"和分季度公布"道路占用挖掘计划"前后两个部分。

首先，各建设单位通过"广州市城市道路占用挖掘申报系统"，录入本年度拟占道挖掘项目信息，纳入全年度占道项目需求库。

其次，各建设单位对条件成熟的项目进行"上报"后，经具有审批权的道路管理部门初审后，市管道路车行道由市交通管理部门负责，市管道路人行道由市城市管理部门负责，区管道路由各区道路管理部门负责，各区具体部门有所不同，越秀、天河为区建设和水务局，荔湾、海珠为区建设和园林绿化局，白云为区城市管理局，黄埔为区建设局，"广州市中心城区城市道路占用挖掘计划编制工作小组"（成员包括市交委、城管委、建委、规划局、水务局、交警支队、各区道路管理部门以及各建设业主单位专职负责人等）对道路开挖的规划立项、资金到位、前期完善、交通疏导措施等方面进行联合审查，形成分季度的城市道路占用挖掘计划予以公布。具体程序如图1所示。

2. 部门审批

广州市城市道路开挖管理的有关部门按照各自职责协同做好相关工作。涉及影响道路交通安全的，需由公安机关交通管理部门负责对交通疏解方案进行审核，并出具交通安全审核意见；涉及影响绿化或绿化设施的，需由林业园林部门出具相关审核意见，涉及影响排水设施的，需由水务部门出具相关审核意见，涉及道路照明设施的，需由建设部门出具相关审核意见。

3. 开挖许可

目前，广州市城市道路分为区管道路和市管道路两类。基本流程如图2所示。

城市道路开挖工作实行分级管理、分级许可办法，按照属地化管理原则，大部分城市道路开挖项目由区道路管理部门负责许可管理，对申请材料完整的道路

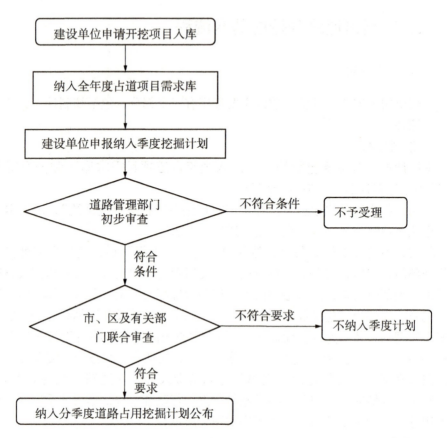

图1　道路占用挖掘计划制定基本流程

开挖申请予以受理，经过公安交通管理部门的交通安全审核同意后，由区道路管理部门对其合理性进行审核，符合规划、规定的予以许可。

若涉及由市管重点城市道路车行道的占用、挖掘申请，则由区道路开挖管理部门审核并提出初步意见后送市交通委员会审批。

涉及由市管城市道路人行道的占用、挖掘申请，由市城市管理部门负责收案、受理，审核通过后发证。

涉及50条重点城市道路车行道、人行道同时开挖时，需要由市交通委员会牵头组织相关部门联合会审后，经市交通委员会批准后，由区城市道路挖掘管理部门进行许可。

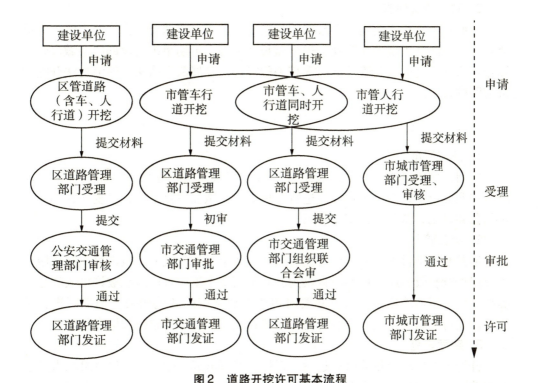

图2 道路开挖许可基本流程

此外，因处置突发事件、紧急抢修城市地下管线故障需要进行城市道路开挖的，抢修单位可以先行施工，但同时要向负责抢修路段城市道路开挖许可工作的部门和辖区公安机关交通管理部门报告，并在施工后24小时内按照相关要求补办许可手续。

（二）开挖中

1. 日常巡查

在广州市城市道路开挖过程中，市交通委员会、城市管理委员会和区车行道、人行道管理部门及市、区城市管理综合执法部门按照各自职责对占用、挖掘现场特别是重点路段施工现场进行日常巡查，及时查处违法占用、挖掘道路行为。

2. 联合执法检查

按照建设工程文明施工管理的相关规定，广州市交通委员会、城市管理委员会对开挖道路施工现场文明施工进行监督和管理，定期组织建设部门、城市管理综合执法部门及区道路管理部门等相关职能部门开展联合执法，整治违法开挖城市道路的行为。

（三）开挖后

1. 开挖回填

广州市城市道路开挖项目竣工或许可证有效期满，建设单位需清理施工现场，按照城市道路有关技术规范进行回填夯实，恢复道路平整，修复被移动或损坏的公共设施，恢复道路安全与畅通。

2. 竣工验收

道路开挖项目竣工后或许可证有效期满2个工作日之前，被许可人报请原许可部门进行验收，原许可部门自收到验收申请2个工作日内组织被许可人和道路养护单位进行回填质量验收，必要时组织参加会审的其他相关管理部门进行验收，涉及有关路上设施需要恢复的，通知设施的养护维修单位共同参加验收。

3. 路面修复

开挖道路回填质量验收通过后，道路养护单位应当在24小时内组织人员进场对路面进行修复，建设单位按照许可设计要求及时恢复交通标志线等路上其他设施。

三、基本制度及法规依据

（一）挖掘计划申报制度

按照《广州市城市道路挖掘管理办法》[1]的规定，广州市城市道路开挖实行挖掘计划申报制度，确需挖掘城市道路的建设单位，应当在每年12月1日前将下一年度的管线敷设计划上报城市道路挖掘管理部门，并同时抄送市规划部门，《广州市城市道路占用挖掘许可管理试行办法》[2]也规定道路挖掘实行按计划管

---

[1] 广州市人民政府令2002年第9号。
[2] 穗府〔2014〕8号。

理，未纳入计划，不得挖掘。

（二）开挖许可制度

《广州市城市道路挖掘管理办法》规定"挖掘城市道路，应当到市或者区市政行政管理部门申请办理审批手续，经批准并依法交纳城市道路临时占用费、挖掘修复费，领取《挖掘道路许可证》后，方可挖掘"。《广州市城市道路占用挖掘许可管理试行办法》也规定城市道路的占用、挖掘依法实行许可制度，并遵循统一管理、分级负责、社会监督的原则进行管理。

（三）集中时段开挖制度

按照《广州市城市道路占用挖掘许可管理试行办法》的规定，城市道路开挖实行集中时段挖掘制度，除重点工程、民生工程和市政设施养护维修工程以外的城市道路开挖施工应当集中于每年的9月至11月进行，并分路段、分区域实施，以避免因同一道路多处同时开挖或同一区域内多条道路同时开挖造成交通拥堵和大规模扬尘。

（四）日常巡查与联合执法制度

《广州市城市道路占用挖掘许可管理试行办法》规定，市交通管理部门、城市管理部门和区车行道、人行道管理部门及市、区城市管理综合执法部门应当按照各自职责加强对占用、挖掘现场，特别是重点路段施工现场的日常巡查，及时查处违法占用、挖掘行为。市交通管理部门、城市管理部门应当按照建设工程文明施工管理的相关规定，加强对占用、挖掘施工现场文明施工的监督和管理，并定期组织建设部门、城市管理综合执法部门及区车行道、人行道管理部门等相关职能部门开展联合执法，整治违法占用、挖掘城市道路的行为。

（五）竣工验收制度

按照《广州市城市道路占用挖掘许可管理试行办法》规定，城市道路开挖项目竣工或开挖许可证有效期已届满，被许可人应当自行负责清理施工现场，按照城市道路有关技术规范回填夯实，恢复道路平整，恢复被移动或破坏的有关设施，报请原许可部门验收，原许可部门应当自收到验收申请之日起2个工作日内组织被许可人和道路养护单位进行回填质量验收，必要时组织参加会审的其他相关管理部门进行验收，涉及道路设施需要恢复的，应当通知设施的养护维修单位共同参加验收。

四、广州市城市道路开挖的总体情况

(一) 开挖道路总体数量大,空间分布分散

1. 道路开挖路段的总体数量大

根据广州市交通委员会公布数据,中心六区(包括越秀、荔湾、海珠、天河、白云、黄埔)仅2014年7月11日一日正在施工的车行道占道挖掘项目就有86宗,其中属道路开挖的项目有79宗。中心六区城市道路在2014年10月10日开挖项目有69宗,也就是说,在同一个区一天平均有十几条道路在同时开挖。具体如表1所示。

2. 道路开挖路段空间分布分散

道路开挖在中心城区各区内分布基本均匀,从2014年7月11日和10月10日正在施工道路开挖路段数量来看,除了越秀区略少外,其余各区相差不大。也就是说,中心城区开挖道路的区域处于分散状态,群众所反映的"全城处处开挖、到处都是工地"情况基本属实。

表1　2014年7月11日和10月10日中心六区城市道路开挖项目分布情况

时间	天河	海珠	荔湾	越秀	白云	黄埔	合计
7月11日	13	13	15	9	13	16	79
10月10日	12	12	12	6	14	13	69

资料来源:广州市交通委员会公布数据。

(二) 实施率依然偏低,四成申报项目未能如期开挖

1. 道路挖掘计划实施率大幅度提高,但依然偏低

以中心六区道路挖掘计划为例,2012年实施率仅为15.8%,2013年实施率更低仅为7.4%。2014年按分季度公布开挖计划后,相比于2012年和2013年,2014年纳入计划项目的宗数有了大规模提高,从148宗提高到455宗,实施率也大幅度提升,从7.4%提高到59.1%,但仍有约4成的纳入计划项目未按时实施。具体如表2所示。

表2 2012—2014年广州市中心六区城市道路挖掘项目计划总体实施情况

年份	纳入计划项目数(宗)	实施项目数(宗)	实施率(%)
2012	279	44	15.8
2013	148	11	7.4
2014	455	269	59.1

资料来源：广州市交通委员会提供。

2. 市本级及老城区道路占用挖掘计划实施率相对较高

2014年，从道路挖掘计划实施率来看，市管道路挖掘计划的实施率达85.2%，高于各区管道路挖掘计划总体实施率57.5%；老城区道路开挖实施率也相对较高，荔湾、黄埔两区道路挖掘实施率均超过80.0%，而作为新城区的天河、白云的道路挖掘实施率却为63.2%和54.4%，具体如表3所示。

表3 2014年广州市本级及中心六区各区城市道路挖掘项目计划实施情况

序号	区域	总宗数	已实施	未实施	实施率(%)
1	市本级	27	23	4	85.2
2	荔湾	79	69	10	87.3
3	黄埔	15	13	2	86.7
4	天河	95	60	35	63.2
5	越秀	65	36	29	55.4
6	白云	46	25	21	54.5
7	海珠	128	43	85	33.6
总计		455	269	186	59.1

资料来源：广州市交通委员会提供。

（三）开挖目的以民生、城市基建为主，各区有侧重

广州市的城市道路挖掘项目的类型多样，主要包括电力、地铁、路桥、供水、排水（雨、污）、通信、燃气、抢险和其他等类型。根据广州市交通委员会

所提供关于2014年1—11月份中心六区城市道路挖掘有关数据的统计分析发现：

电力、燃气是道路开挖的主要目的。在道路开挖类型中，除了"其他"类型外，电力和燃气均为46宗，所占比重也均为17.0%，所占比例最大，仅在海珠一个区内，电力、燃气带来道路开挖就分别有19宗，在越秀和荔湾两区燃气引起的道路开挖也接近10宗（见图3）。

排水、地铁带来大量道路开挖。排水类道路开挖项目数量为33宗，地铁类30宗，所占比例分别为12.0%和11.0%，其余各类型所占比重均小于10.0%，总体反映出道路开挖以电力、燃气、排水、地铁等民生、城市基建为主的基本特征，仅荔湾区水务设施管理中心实施的道路开挖数量就达到23宗，各区不同开挖类型情况如表4所示。

老城区开挖以燃气、排水为主，新城区开挖中地铁、供水比例增大。越秀、荔湾、海珠等三个老城区的燃气引起道路开挖有38宗，占总数的82.6%，排水引起的道路开挖有27宗，占总数的81.8%。黄埔、白云、萝岗等三个新城区的地铁引起道路开挖有14宗，占总数比例为46.7%，供水引起道路开挖有12宗，所占比例为48.0%，通信引起道路开挖有8宗，所占比例为66.7%。

表4 广州中心六区2014年1—11月城市道路挖掘项目类型情况

区域	电力	地铁	路桥	供水	排水	通信	燃气	抢险	其他	总计
越秀	6	4	1	10	1	0	10	0	30	32
荔湾	9	7	7	1	23	0	9	0	0	56
海珠	19	5	0	2	3	4	19	0	27	79
黄埔	4	1	0	3	2	3	4	0	1	18
白云	6	6	1	2	3	5	2	0	5	30
萝岗	2	7	7	7	1	0	2	2	3	31
合计	46	30	16	25	33	12	46	2	66	246

数据来源：根据广州市交通委员会提供资料整理。

说明：由于未获得天河具体道路开挖项目类型数量，且获得萝岗的数据，本部分未将天河纳入统计分级范围，并将萝岗道路开挖纳入中心区比较分析。

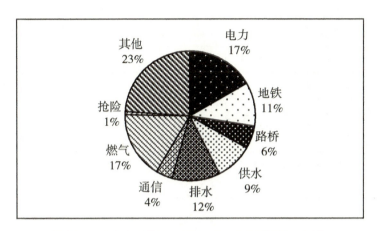

图3 广州中心六区城市道路挖掘项目类型结构示意

（四）后半年开挖增多，开挖计划的调控效果不明显

1. 道路开挖数量后半年多于前半年

根据2014年1—11月份中心城区城市道路开挖数量，前6个月为132宗，而后5个月则达到162宗，明显多于前半年道路开挖数量。

2. 道路开挖计划的调控效果不明显

按照《广州市城市道路占用挖掘许可管理试行办法》的要求，广州市城市道路挖掘施工主要集中每年9—11月，而实际上道路开挖呈现全年开挖的常态局面，尽管后半年实际的开挖道路数量多于前半年，但是，目前全年各月开挖数量较为均衡，除9—11月开挖高峰外，上半年4—5月也存在开挖小高峰，说明道路开挖实施时序的调控效果并不明显。各区道路开挖数量如表5、图4所示。

表5 广州市中心区2014年1—11月城市道路开挖情况

区域	1月	2月	3月	4月	5月	6月	7月	8月	9月	10月	11月
越秀	2	6	7	5	3	2	2	12	9	9	6
海珠	7	0	7	1	5	6	9	16	10	10	8
黄埔	0	0	0	0	3	3	5	1	1	1	5

续上表

区域	1月	2月	3月	4月	5月	6月	7月	8月	9月	10月	11月
荔湾	1	1	2	19	6	5	5	2	5	4	9
白云	1	2	2	6	7	4	5	5	5	6	0
萝岗	0	3	6	2	5	4	5	2	1	3	1
合计	11	11	24	33	29	24	31	38	31	33	29

数据来源：根据广州市交通委员会提供资料整理。

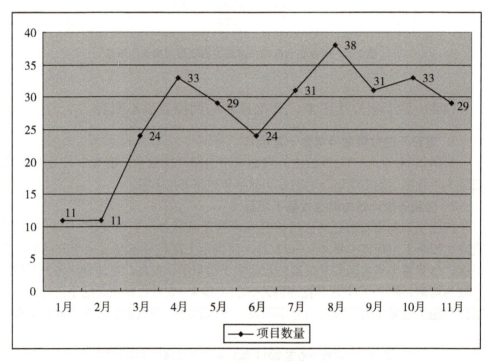

图4 广州中心区道路开挖项目数量变化示意

五、广州市城市道路开挖中存在的主要问题

根据调研情况，结合以上数据分析，广州市城市道路开挖中主要存在以下

问题：

（一）建设单位随意盲目申报开挖计划

近几年，广州市城市道路开挖建设单位申报开挖计划总体上比较盲目，随意申报比较严重。

2012年除市重点工程类、区管理类以外，共有40家建设单位申报1426宗道路开挖项目，纳入当年9—11月中心六区挖掘计划的项目有279宗，而截至11月5日只有29项获批实施，计划实施率仅为10.4%，2013年共申报1027宗道路开挖项目，纳入当年9—11月中心城区城市道路挖掘计划的项目有148宗，真正施工的也仅有11宗，计划实施率更低为7.4%。此情况在2014年分季度公布开挖计划后得到改善，但实施率依然偏低，仍然有4成以上的建设项目未能按计划实施。如广州燃气集团有限公司为纳入2014年城市道路开挖计划项目最多的建设单位，纳入计划的道路开挖数目达到114宗，而真正实施的仅为58宗，计划实施率为50.9%，广州供电局有限公司也有96宗纳入2014年道路开挖计划，真正实施的为55宗，计划实施率57.3%，也反映出建设单位申请挖掘计划的盲目性。

根据分析，建设单位往往在每年申报开挖计划时，采取将能申报的项目全报上，达到"霸占位置"的目的，但真正的实际需求重点并不清晰，或建设手续不齐全、规划不到位、征地拆迁问题等而无法开工，这反映出建设单位的开挖道路计划前期工作做得不充分。

建设单位盲目申报开挖计划使申报道路开挖项目数量大大多于纳入挖掘计划数量，造成道路开挖管理部门难以仔细甄别道路开挖的实际需求，并进一步带来道路开挖计划实施率较低，未达到调控道路开挖的目的。

（二）道路开挖计划与具体实施有所脱节，存在一定的无序特征

1. 开挖道路区域重点不明显，全城范围内多处、分散开挖

据2014年7月11日和10月10日数据显示，除越秀外的其余中心五区开挖道路均在10处以上，没有体现出道路开挖的重点区域、重点路段和重要节点，空间分布的系统性不强。

2. 开挖道路施工工期无调控

目前，开挖许可主要按照建设单位申请及相关资料准备情况进行审批，2014年1—11月开挖道路项目数量的月际分布基本均衡，未对道路开挖的具体先后

顺序和工期安排进行调控。

城市道路无序开挖给市民生活和交通出行带来较大影响。首先，无重点式全城开挖使城市交通整体状况受到较大影响，形成了一些典型的交通拥堵点；其次，道路开挖工期无调控、随意延期往往造成长时间围蔽施工，不仅使居民交通出行需要绕行，也使沿街店铺经营受到明显影响。

（三）违法、违规开挖现象仍存在

在广州市城市道路开挖中，无证开挖、超期开挖以及超范围开挖等违法违规开挖的问题仍存在，不容忽视。

根据市交通委员会和市城市管理委员会2014年9月24日组织的专项联合执法情况，在当日检查的85处道路开挖工地中，存在无证开挖的有2处，分别是海珠环岛新型有轨电车试验段项目和珠江新城核心区市政交通项目生活垃圾收集系统工程，许可证超期仍在开挖的有8处，如海珠同福西路地铁站管线迁改工程、白云犀牛角站电缆隧道工程7号工作井等，另外超出许可证范围开挖的有1处，为白云石槎路金碧新城人行天桥工程。此三类违法的开挖项目比例达12.9%。另外，如未检查到的工业大道金碧路段原计划2012年完工，实际上至今仍在围蔽施工中，开挖道路许可证为2009年核发，已超过5年。

由此可知，许可证超期开挖是道路开挖中比较突出的问题，而无证开挖、超范围开挖也客观存在。此类道路开挖属于违法违规现象，既扰乱道路开挖许可管理工作正常秩序，使管理部门对道路开挖实施难以进行有效监管，难以保证按规范要求进行开挖、回填和路面修复，也可能引起破坏已经敷设的管线、管道，存在较大安全隐患。

（四）反复开挖难以杜绝，造成资源浪费

广州市城市道路开挖统中部分路段仍存在反复开挖的问题。如越华路曾在2009年10月至2010年5月先后开挖6次，其中前3次开挖均属为新落成的珠江国际大厦申请的自来水、燃气以及正南路扩路而开挖，反映出城市道路反复开挖现象客观存在；长堤大马路也在5年之内3次开挖，其中2007年2月至2008年10月的道路大修改造，包括道路和排水改造、沥青路面铺设以及交通标志线施工，投入近850万元，2009年9月至2010年6月的迎亚运人居环境整治工程，其中包括道路排水改造项目，工程总投入1080万元，以及2012年3月进行的长堤民间金融街综合整治工程，其中包括人行道铺装改造，总投入约6500万元。

城市道路反复开挖一方面打破了已经形成的交通出行体系，造成道路交通拥堵，使市民出行和生活不便，另一方面也耗费大量城市建设资金，花费了大量开挖道路的时间，造成人力、物力资源的严重浪费。

（五）不规范、不文明施工依然存在

广州市城市道路开挖施工不规范，主要表现在围蔽板破损或不足、未设置施工标牌、未安装警示灯等方面，而文明施工措施未得到充分落实的主要表现在部分施工点施工材料堆放不规范、路面扬尘问题突出等。按照市交通委员会和市城市管理委员会于2014年9月24日组织专项联合执法情况，道路开挖施工围蔽不规范工地有11处，占所有开挖工地比例为12.9%，属于道路开挖施工中不规范行为的突出问题，如荔湾区地铁八号线北延段华林寺站工程人行道围蔽不符合规范，白云沙太中路排水改造现场围蔽较乱，不符合要求。此外，东濠涌中北段综合整治工程存在未设置交通疏解标志、标牌，扬尘污染控制措施不足等问题。

此类道路开挖破坏城市市容形象，对周围环境造成空气污染和噪音，干扰周边居民正常生活，造成市民出行困难和安全隐患，并影响整体道路交通秩序，还可能造成交通堵塞。

（六）开挖后回填不合要求，损坏路面质量

城市道路开挖后的回填与路面修复是恢复路面使用功能的重要环节。

目前，广州市城市道路开挖后，施工单位仅针对开挖部分进行回填，有的所用回填材料不规范，甚至回填压实度也不够，在受力变形的情况下，多处出现路面下沉问题，还有的造成路面积水，并进一步引发路面损坏。如荔湾环市西路供电管道工程石粉回填不平整，天河轨道交通二十一号线黄村站奥体中心北门对出有移动井盖下沉。

这类道路开挖问题直接影响车辆和行人的交通安全，并易引发交通安全事故，需要进一步重新修复，再次带来道路开挖，造成人力、物力资源的浪费。

六、广州市城市道路开挖问题形成的原因分析

（一）法规体系不完善，城市道路开挖制度不健全

目前，广州市城市道路开挖的相关法律法规主要有《广州市市政设施管理

条例》《广州市城市道路挖掘管理办法》和《广州市城市道路占用挖掘许可管理试行办法》等，而《广州市市政设施管理条例》《广州市城市道路挖掘管理办法》颁布施行时间较早，且随着2008年的大部制改革后道路挖掘管理体制发生变化而难以发挥有效作用。因此，广州市城市道路开挖管理基本执行《广州市城市道路占用挖掘许可管理试行办法》的有关规定，主要在以下三个方面存在不足，引发道路开挖问题：

1. 道路开挖的管理权限不明晰

按照《广州市城市道路占用挖掘许可管理试行办法》第十七条、第二十九条规定，市交通管理部门、城市管理部门分别负责会同有关部门研究编制车行道挖掘施工计划和人行道挖掘施工计划，并负责统筹组织实施和监督管理。也就是说，市交通管理部门、城市管理部门分别集车行道、人行道挖掘计划的编制权、审批权、执行权、监督权于一体，没有形成既互相分离又相互配合的道路开挖运行架构，管理的权限不够清晰，使部分道路开挖项目得以反复纳入计划，在取得合法许可前提下造成反复开挖。

2. 道路开挖中的监管机制不明确

《广州市城市道路占用挖掘许可管理试行办法》第四十一条规定，市交通管理部门、城市管理部门和区车行道、人行道管理部门以及市、区城市管理综合执法部门应当按各自职责加强日常巡查，并协同开展联合执法，查处、整治违法开挖城市道路的行为。由于上述规定未从法定层面对日常巡查的范围、联合执法的周期进行明确，导致日常巡查工作不规范、联合执法工作不规律，使部分道路开挖建设单位有机可乘，进一步造成许可证超期开挖、超范围开挖现象的发生。

3. 违法道路开挖惩处标准不健全

目前，《广州市城市道路占用挖掘许可管理试行办法》中对违法违规开挖道路的处罚标准基本延续《广州市市政设施管理条例》及《广州市城市道路挖掘管理办法》中的有关规定，对工作人员法律责任仅作原则性规定，而无详细惩处标准，对违规建设单位处罚上限为2万元，这一处罚标准在1997年时对建设单位和个人有一定作用，但对10多年后的现在则不足于起到禁止违法行为的目的，达不到规范道路开挖工作的应有作用，且许多违规开挖道路建设单位属国有企业，执行难度更大，使建设单位对开挖道路中违法违规行为不重视，导致道路开挖中无证开挖、许可证超期开挖等违规行为得以存在。

（二）"有计划、无规划"，道路开挖前端调控与统筹能力不足

1. 低门槛申报使计划调控性不强

目前，广州市城市道路开挖计划实行建设单位上报、相关管理部门联合审查后公布的做法，各行业管理部门为适应需求不断完善城市基础配套设施，仅从自身营运情况制定年度维修、更新计划，以此指导各建设单位上报道路开挖计划，使城市道路开挖计划为"自下而上"且低门槛的道路开挖安排，属于"头痛医头、脚痛医脚"式计划，缺乏整体性视角和系统性思维，使开挖计划在调控和统筹方面缺乏科学性。

2. 计划编制的审查标准过于简单

在计划道路开挖编制审查中，市、区两级城市道路管理部门主要针对上报开挖项目的规划报建情况、当时当地交通情况、项目统筹情况、路面修复工作完善情况进行审查，对开挖条件成熟度较高的项目纳入计划，但未对道路开挖计划中项目整合的条件、具体标准和措施进行明确，达不到对不同道路开挖进行统筹、整合的效果，使道路开挖计划的统筹能力不足，造成道路开挖整体无序。

3. 依申请许可使道路开挖计划缺乏统筹性

目前，道路开挖许可实行依申请管理模式，建设单位根据自身实际情况申请道路开挖许可，缺乏统筹实施开挖的协同意识与主动性，具体道路管理部门依据是否开挖计划进行审批，缺乏进行有效协调、统筹整合的抓手与措施，导致使本可统筹实施的道路开挖而反复进行。

（三）开挖项目各自为政，统筹平台不完善

目前，道路开挖涉及燃气、电力、热力、供水、排水、电信以及地铁等单位或部门，而涉及城市道路开挖的管线业主单位分别隶属不同的行业部门管理，如煤气管道的行业管理部门是市燃气集团，电力管线的行业管理部门是南方电网广州供电局，并且电力的发展还涉及国家、省和市的有关部门，广州市热力管道的行业管理部门是市发展集团，而电信又分别有民用、军用和铁路等不同系统，并且各自的政策有所不同。由于各建设单位的立项、经费等准备程度不同，办理城市道路挖掘许可的时序不同，尤其是经费资金管理归口不同，使道路开挖的实施时段难以协调。

这种各自为政的道路开挖管理情况加大了各建设单位之间统筹与协调难度，使道路开挖的时间、空间资源难以优化配置，降低了道路开挖的效率，带来了道

路开挖的次数增加,造成同一路段反复开挖的问题。

(四)"重审批、轻监管",没有形成常态化监管机制

1. "重审批、轻监管"依然存在

广州市城市道路开挖管理工作中依然存在"重审批、轻监管"的思想认识,部分道路管理部门和工作人员认为核发了《道路挖掘许可证》就完成了主要工作,而对道路开挖过程中和后期的监管不重视、不细致,日常巡查的力度有限,开展联合执法次数较少,导致许可证超期开挖、超范围开挖等违规现象存在。

2. 道路开挖管理队伍的巡查和监管力度不足

目前,广州市城市道路管理实行属地管理原则,中心六区各区负责管理辖区内除市管道路外的大部分城市道路开挖工作,外围花都、番禺、南沙、萝岗、从化、增城负责所有道路的开挖管理工作,调查发现,各区实际投入城市道路开挖管理和监督的人员力量十分有限,负责道路开挖的审批、巡查和监管的工作人员普遍在4~6人,难以抽出有效力量对道路开挖实施过程进行切实监管,也缺乏监管的有效抓手,而在道路开挖后不按标准进行回填、修复路面等则缺乏法规层面措施,进而造成超期、超范围开挖以及不按标准回填、修复路面等问题。

3. 行政管理与执法监督工作有所脱节

在广州市城市道路开挖管理工作中,区道路管理部门负责城市道路挖掘的日常管理业务部分,区城市管理综合执法部门负责行政处罚业务部分,区道路管理部门在日常管理中若发现无证擅自开挖、超期超面积挖掘和不文明施工者,需按照有关程序通知区城市综合执法部门,由其按照职能依法进行行政处罚,而在实际管理监督过程中,往往出现管理工作与执法工作脱节的现象,反馈机制不健全,执法力度不够等突出问题,并且违章施工单位多存在抢挖抢建心态,甚至有意躲避城市管理部门,导致区城市管理部门难以执法,造成对无证开挖以及不文明施工的监管不力。

(五)施工标准不明确,施工队伍素质不高

1. 不同管线管道施工的安全与技术规范要求不同

不同城市地下管线、管道工程设计的规范、标准不同,比如供水、供电、供气等项目都有严格的技术规范和安全要求,如不按规范混合施工存在引发安全事故的隐患,难以同步施工,这客观上造成城市道路反复开挖现象存在。

2. 道路开挖施工操作标准不明确

目前，广州市城市道路开挖多是按需挖掘，基本上属于想挖多宽就挖多宽，施工单位为了节约成本，往往开挖宽度过窄，致使回填时无法使用压道机进行碾压作业。

3. 施工单位人员素质有待提高

由于城市道路开挖工程的技术含量不高，广州市城市道路开挖的施工队伍中，既有经过国家有关部门管理的具有相应施工资质的企业，也有大量未经过登记注册的施工队伍，主要依靠分包承建工程项目，其整体人员素质、技术能力和水平参差不齐，在经济效益为主的驱动下，多采取节约成本、提高效率的施工方式，往往带来了道路开挖施工中不文明、不规范行为。

七、加强广州市城市道路开挖的目标、原则与基本思路

（一）加强城市道路开挖的基本目标

广州市城市道路开挖涉及管线、管道等多个建设单位和管理部门，又与市民交通出行密切相关，其基本目标为：

1. 统筹有序

城市道路开挖应有重点、有顺序地实施，通过开挖道路项目整合，统筹安排同一开挖道路路段不同类型开挖项目的工期，将道路开挖对市民出行、沿街商铺的干扰降到最低。

2. 集约高效

城市道路开挖应压缩开挖施工的时间周期，合理配置道路开挖的空间，节约道路开挖的经济成本，集约利用道路开挖的时段和资源，避免或减少重复开挖，降低对城市整体交通和市民生活的影响。

3. 文明规范

城市道路开挖施工行为应符合管理规范，确保围蔽设施齐全，交通疏导措施恰当，既对市民生活干扰较小，也有利于保证城市环境整洁。

（二）加强城市道路开挖的基本原则

1. 法制化的原则

将城市道路开挖中的技术方法、协调手段、行为方式、具体步骤和程序等进

行法律化，为城市道路的开挖管理和具体实施提供法律依据和法律保障。

2. 前瞻化的原则

从城市整体的高度统筹安排道路开挖项目，注重不同类型道路开挖项目的整合，注重不同区域道路开挖项目的配合，注重同一道路开挖地段不同项目之间的顺序衔接。

3. 流程化的原则

将城市道路开挖分解成可操作的环节，制定每个环节明确、具体的操作程序和规范，并对各个环节进行优化组合，做好前后衔接，形成城市道路开挖的规范流程。

4. 精细化的原则

通过管理理念更新、管理手段创新、管理模式变革、管理机制优化，严格划分其中各项工作人员岗位，细分岗位责任，使城市道路开挖管理达到精细化标准。

5. 长效化的原则

按照城市发展长远目标，尊重道路开挖客观实际需求，确保解决当前实际问题，并对成功的经验和做法长期坚持，最终实现道路开挖的长效化。

（三）课题基本思路

城市道路开挖是城市建设与管理中不可避免的行为之一。目前，解决城市道路开挖管理难题的总体思路为：

1. 注重前端控制，加强规划对道路开挖时间、空间资源配置的优化功能

落实"时间控制、总量控制、区域控制"，将目前市交通管理部门、城市管理部门组织编制的年度城市道路占用挖掘计划提升为综合性、统筹性的道路挖掘专项规划，通过规划的前端调控将道路开挖项目进行批前整合，达到优化配置道路开挖资源的目的。

2. 引入社会力量，加强对道路开挖中的公众参与

引入市民、专家学者、新闻媒体以及社会团体等社会力量，促进参与道路开挖的规划编制、实施监督和反馈，既达到争取公众对道路开挖法规政策和行为的理解、支持，又起到对道路开挖行为进行监督的目的。

3. 完善惩处制度，建立质量追溯和长效监管机制

完善道路开挖后质量追溯的惩处机制，加强管理部门、建设单位和施工单位在道路开挖中的法律责任感，将道路开挖回填验收及修复环节进一步延长，建立

质量追溯机制，确保道路开挖回填合格与路面修复完好，并通过建立长效监管机制，实现道路开挖管理的日常化、规范化。

4. 关口前移，加快新城道路地下综合管廊建设

目前我市的道路开挖大部分属于"应对性"开挖，即出现问题后为解决问题而开挖。应具有前瞻性和长远性思路，学习西方经验，在新建新城区的建设过程中，预留足够的进入地块的各类管线过路管和位置，避免后期道路开挖而造成的经济社会负面效应。

八、加强广州市城市道路开挖管理的对策和建议

（一）完善法规政策，为道路开挖提供制度保障

为了规范城市道路开挖行为，对《广州市市政设施管理条例》《广州市城市道路挖掘管理办法》《广州市城市道路占用挖掘许可管理试行办法》等法规、规章的实施效果进行系统评估，并通过充分的调研、论证，制定《广州市城市道路开挖管理规定》。其主要内容应包括：

1. 设定相关部门和单位法律责任

首先，强调市交通管理部门、城市管理部门分别负责全市车行道、人行道开挖管理工作，各区道路管理部门负责车行道、人行道开挖管理工作，规划局、建委、交警支队、水务局等相关管理部门配合做好道路开挖管理工作，对未按规划进行开挖审批、组织协调等有法不依、执法不严的道路开挖管理部门及负有责任人员进行问责；其次，对于未经审批进行擅自开挖以及超期、超范围开挖等违法违规的建设单位，除城市管理综合执法部门依法处理外，纳入重点监管范围；最后，对于非法开挖、违规开挖的施工单位，除依法惩处外，纳入重点监管范围，提高其再次承接道路开挖工程的门槛。

2. 明确规划在审批道路开挖项目中的统筹作用

市、区道路管理部门必须按照已经审批通过的规划对申请道路开挖项目进行管理，做到无规划不得进行道路开挖许可审批。

3. 明确道路挖掘规划的编制、审批与公布程序

由市交通管理部门、城市管理部门共同组织编制城市道路开挖规划，报市政府审批同意后公布实施。

4. 构建规划引导的道路开挖管理工作机制

编制城市道路开挖规划，并以此作为开展城市道路开挖管理的工作抓手，各

道路开挖管理部门依据规划进行许可审批,建设单位依据规划组织开挖,施工单位依据规划按时序实施开挖。

(二)统筹编制规划,为道路挖掘提供调控抓手

1. 道路开挖规划编制的组织与审批

由于城市道路开挖规划涉及多家管线建设单位,由市交通委员会、市城市管理委员会共同组织,联合规划、建设、水务、电力、地铁、通信、燃气、供水等部门或单位共同参与,通过政府财政投入,以一年为规划编制周期,通过公开招投标后委托具有相应规划编制资质的单位编制城市道路开挖规划,市交通委员会、市城市管理委员会对开挖规划组织审查,审查同意后报请市政府进行审批,通过后公布实施。

2. 道路开挖规划的核心内容

道路开挖规划的主要目的就是对开挖道路进行统筹安排,在对道路开挖现状及计划实施评估基础上,立足现实,科学编制。其核心内容包括三个方面:

(1)区分道路开挖的类别。按照有关地下管线施工的技术规范,对城市道路开挖项目的按具体类型和工期进行区分,明确可同步进行的道路开挖项目类型和不可同步进行的道路开挖项目类型。

(2)协同安排可同步开挖的项目。对同一道路开挖区域内可同步进行开挖的项目,在空间上进行综合安排,对其计划开挖时间、实际开挖时间和工期长度进行优化配置,统筹组织施工方案,通过集中一个时段具体开挖一个路段,实现一次开挖、同步施工。

(3)衔接安排不可以同步开挖的项目。对同一道路开挖区域内不可同步进行开挖的项目,通过合理划分工期,明确不同工期内实施开挖的具体管线类型,并压缩不同开挖工期的间隔期限,做好先后开挖顺序的前后衔接,通过集中一段时间开挖一个范围,实现减少重复开挖的目的。

3. 道路开挖规划的实施管理

规划的关键环节是实施管理,主要包括三个方面:

(1)严格执行道路开挖规划。道路开挖规划一经批准,具有法定效力,必须严格执行,对不符合规划的道路开挖项目,市、区道路管理部门一律不得审批、办理道路开挖许可证,在实施过程中确实需要调整的,必须按程序和规定报批,维护规划的权威性和严肃性。

(2)加强规划对道路开挖的调控和统筹。加强规划审查制度建设,做好道

路开挖中许可、实施以及回填验收和路面修复等各个环节的规划审查，依据道路开挖规划中划定的开挖时间、区域及类型，落实具体管制措施，切实加强规划对道路开挖的调控和统筹。

（3）加强道路开挖规划评估。在规划实施过程中或规划期末，组织开展对规划目标、任务的实现程度，规划管理部门的执行情况、违反规划行为及查处纠正情况等，进行系统检查和评估，总结规划实施效果，分析原因，提出改善的措施和建议，并按规定程序进行调整。

4. 道路开挖规划实施的保障措施

合理的保障措施是规划实施的基础，主要包括以下三个方面：

（1）完善规划实施工作机制。明确市、区道路管理部门在道路开挖规划中的分工，市管道路的规划实施由市交通委员会、城市管理委员会负责，属地区道路管理部门配合，区管道路的规划由各区道路管理部门负责，并建立相互抄送、告知常规机制。

（2）形成规划"一张图"工程。通过对现有道路开挖数据库资源，整合建立道路开挖现状和规划信息数据库，加快完善道路开挖规划管理信息系统建设，建立规划查询平台，实现道路开挖信息共享和规划动态管理。

（3）推广和应用3S技术。建立道路开挖动态监测系统，及时准确掌握道路开挖的动态变化和规划的执行情况，为规划决策提供信息支持和监督保证。

（三）引入公众参与，加快形成道路开挖社会监督体系

1. 强化城市道路开挖规划编制环节中的公众参与

在城市道路挖掘规划编制阶段，由规划编制组织单位、具体编制单位组织联合召开听证会，邀请公众代表、专家、行业协会以及媒体单位参与，并通过走访、调查等形式收集公众的意见，达到优化规划方案的目的。

2. 完善城市道路开挖项目的公示制度

由各建设单位在开挖道路项目地点的显著位置，对城市道路拟开挖项目进行公示，便于公众、利害关系人了解、知情，并定期收集反馈意见，让更多公众、利害关系人参与到城市道路开挖工作中，增强对道路开挖政策的支持、理解和配合。

3. 增开道路开挖官方微博、微信

由市交通管理部门、城市管理部门负责开通城市道路开挖的官方微博、微信，并安排专门工作人员进行维护和管理，负责发布道路开挖的政策和有关信

息,收集、汇总公众反映的道路开挖问题的意见和建议,并将信息反馈至相关管理部门进行跟踪处理,引导公众参与、监督道路开挖工作。

(四)完善惩处制度,形成违法违规开挖道路的监管体系

城市道路开挖涉及资源投入,杜绝和减少城市道路违法违规开挖需要惩处机制保障落实,建立健全对造成违法违规道路开挖行为的惩处机制。

1. 完善道路开挖管理部门违规审批的问责制

市纪检监察部门尽快制定《广州市城市道路违法违规开挖行政问责办法》,明确问责的对象范围、组织实施部门、基本程序以及具体执行。市纪检监察部门负责对涉嫌不依照规划进行道路开挖许可的违法违规道路管理部门启动问责机制,组织相关人员对道路违法违规开挖进行调查核实,做出行政问责决定主管部门依照问责决定进行问责,同时,赋予被问责人的陈述和申辩权利。

2. 依法对违法违规道路开挖建设单位进行处罚

对未经道路开挖许可擅自进行开挖等违法违规建设单位,除按照《广州市市政设施管理条例》《广州市城市道路挖掘管理办法》的有关规定进行处罚外,记入诚信档案。

3. 依法对道路开挖实施不规范的施工单位进行处罚

对道路开挖中不规范的施工单位,严格按照《广州市建设工程文明施工管理规定》进行处罚,涉及损坏道路设施的,应依法予以赔偿,并记入诚信档案。

(五)加强后端反馈,构建城市道路开挖回填修复的质量追溯机制

1. 建立质量保修制度

道路开挖工程回填及路面修复实行质量保修期制度,一般为2年,保修期内出现路面质量问题,由建设单位负责组织保修,超过保修期的,由道路养护单位负责保修。

2. 预交质量保修金制度

道路开挖建设单位在办理道路开挖许可时按照工程造价的5%预交质量保修金,施工单位亦按照工程造价的5%预交质量保修金,待道路开挖路面修复工程质量超过保修期后退还。

3. 建立道路开挖诚信管理制度

市、区城市道路管理部门为道路开挖建设单位、施工单位及个人建立诚信档案,以一年为周期实行扣分制度,制作扣分通知书,分别存入诚信档案、交由建

设单位或施工单位和交执法部门备案，并通过网络向社会公布，作为行政处罚、重点监管的依据。

（六）启动集成式开挖，加快新城区地下综合管廊建设

传统直埋方式敷设的市政管线一般敷设在道路下，将各地块分隔，割裂了浅层地下空间。一旦发生需要维修的情况，不免反复开挖道路、影响交通通行。但老城区城市拥挤，把城市地下管网全部挖了重来不太现实，应采用"新城新办法，老城老办法"，进一步着眼于新城新布局。

在有条件的新城区，科学规划，启动一批综合性的城市地下综合管廊（或称为"共同沟"）建设，在主干道部分打造一批集成式的大型管网，一方面将地下交通、商业、景观、市政管线等不同功能的空间通过集约整合有效地结合在一起，将电力、电信、给水全部纳入地下管廊铺设，并预留地下供热管线的位置，预留整改和检查空间，同步配套消防、供电、照明、监控与报警、通风、排水、标识等设施，未雨绸缪，以便后期识别。

在老城区加快推进城市老旧管网的系统改造，狠抓施工质量，采用经济耐用、安全性高的管材、配件和先进施工工艺对城市老旧管网进行改造。

（七）引入市场机制，创新道路开挖的投融资体系

应开放和引入外资、民资均可投资地下管网建设，提高地下管网建设的技术水平。打破传统市政管线的条块化管理模式，提高市政地下管线管理的水平和预控预警能力。

建议可以从新城区地下廊道建设为突破点，对于地下廊道和管网体系，引导相关单位组建股份制公司，扩大投资渠道；或组建地下综合管廊业主委员会，招标选择、建设、运行管理单位。统筹考虑地下综合管廊建设运行费用、投资回报和管线单位的使用成本，合理确定管廊租售价格标准，研究制定加强地下综合管廊运行、管理等制度。建成地下综合管廊的区域，凡已在管廊中预留相关管线位置的，不得再另行安排管廊以外的管线位置。

（课题组成员：黄石鼎、宁超乔、卢道典）

依法治国背景下的广州经济法治化研究

社会主义市场经济本质上是法治经济，实现经济法治化是依法治国的重要内涵之一，是完善社会主义市场经济体制的必然要求。广州作为国家中心城市、超大型城市和具有立法权的"较大的市"，在城市治理体系建设过程中如何推动经济法治化进程，是当下全面深化改革和推进"依法治市"的重要话题。本报告遵循党的十八届三中、四中全会精神和第十二届全国人大第三次会议关于《立法法》修正的相关决议，在界定广州经济法治化内涵、把握广州法治现状的基础上，分析广州经济法治化面临的主要问题，并提出相应的对策措施。

一、广州经济法治化的理念认知

（一）经济法治化的概念

关于经济法治化的概念，理论界的认识大同小异，都强调经济法律法规的制定和对经济违法犯罪行为的制裁，包括经济立法、执法、司法、守法和法律监督等过程。按照2015年3月第十二届全国人民第三次会议对《立法法》的修正，更多的"设区的市"人大将拥有地方立法权；与此同时，法律表现形式也更加多元化，经济法治化的表现形式不仅包括法律、法规、习惯、判例、命令、章程等，还应包括公共政策、行业规约、公司章程、专业标准、交易习惯、国际宣言等正式的经济制度。

因此，经济法治化的概念应该更加宽泛，即包含法律在内的各种正式的规则，也就是法经济学所涉及的正式制度的范畴。从经济学和法学兼具的视角看，经济法治化就是将经济政策的制定和实施纳入法治轨道，用法的形式固定下来。其目的是完善正式制度，特别是市场经济制度，通过法律制度来限定经济政策制定的范围、执行主体、执行程序以及禁止事项等，将经济政策纳入经济法治之中，促进经济政策与经济法治的协调运行。其功能在于通过完善法律（正式制度），引导社会树立法治精神，养成法治信仰；对风俗习惯、社会文化、乡规民约等非正式制度乃至个人行为习惯也会起到一种引领和导向作用，进而促进社会的良性演进和法治化。

（二）广州经济法治化的基本方向

在国家立法体制中，广州属于享有地方立法权的"较大的市"，在经济方面主要是指广州市域经济的法治化，具体应包括经济的法律规制和制度规制。推动广州经济法治化，重点是要推进相关法律制度的立法、执法、司法和法律监督等工作。推动经济政策法治化和法的政策化，塑造广州国际营商环境优势，完善具有地方特色的法律体系。推动广州经济的规范化运行，使立法主动适应改革和经济社会发展的需要，重大改革于法有据。此外，在推动广州经济法治化的过程中，要注意到地方法治的两面性，尽量避免因片面强调地方法治，而使地方形成一些"恶法"，造成法治的碎片化，妨碍统一开放、竞争有序市场体系的建立。

二、广州经济法治化现状与存在的问题

（一）重大成就

经过30多年的不断探索、改革、补充与完善，广州经济法治化取得重大成就。主要表现在以下方面：

1. 经济法律法规体系更加完善

随着国家规范市场主体、调整市场行为、维护市场秩序等方面的法律相继出台，市场经济的法律体系日益完备。广州在国家法治制度的统一规范和指引下，在行政管理体制、要素市场经营环境、投融资体制、国有企业和私营企业经营管理、财政管理体制、社会保障体制、城乡一体化发展的体制机制等方面，制定了较为系统的法规和政策措施，为经济法治化奠定了坚实的基础。

2. 经济法治监管服务体系更加完善

按照国家的统一设计并结合地方特色，广州建立了较为完善的经济监管体系。传统计划经济年代，广州部门设置的计划管理特点显著，有计划（发改）、财政、经贸、物资、轻工、商业、外贸等经济管理部门。随后，为推进广州改革开放前沿地建设，历经了"大城管、大文化、大交通、大建设、大水务、大林业"至"统一城乡规划、统一人力资源和社会保障以及统一科技与信息化"的阶段，并逐步衍生出工信委、科创委、国土房管局、交委、商务委、审计局、国资委、城管委、工商局、质监局、食品药品监督管理局、法制办、金融局等新的

经济部门，以及由省实行垂直管理的质检、工商、税务等新的地方经济监管服务部门。不同时期部门的设立从宏观环境、投资贸易、货币兑换、市场安监等方面渐进地优化了市场环境，进一步优化了政府组织结构。

3. 政府和市场主体法治意识不断增强

20世纪80年代初以来，我国法治政府建设逐步加强，1982年的《中华人民共和国宪法》使行政诉讼、行政复议、行政许可等制度得以制定，法律对政府权力的控制得到加强；2004年国务院发布的《全面推进依法行政实施纲要》明确提出全面推进依法行政，法治政府的奋斗目标首次得以确认。2008年国务院又发布《国务院关于加强市县政府依法行政的决定》对地方政府法治化提出明确要求；2010年国务院再次下发《国务院关于加强法治政府建设的意见》进一步要求中央政府和地方各级人民政府全面推进依法行政，加强法治政府建设。2013年党的十八届三中全会进一步提出推进法治中国建设的要求。2014年党的十八届四中全会对依法治国决定做出全面部署，成为新时期"四个全面"战略布局的重要组成部分之一。这些对于界定政府与市场关系，强化政府的法治意识，起到了根本性的促进作用。在这一国家背景下，广州的法治建设也进步显著，2007年出台了《广州市规章制定公众参与办法》，使公众参与纳入决策制度化、规范化的政府运作。2013年，制定了《广州市重大民生决策公众意见征询委员会制度（试行）》，引入利益相关方代表、专家、人大代表、政协委员，为重大民生决策提供了多方对话协商平台。2014年又制定《广州市重大行政决策专家论证办法》，建立全市统一的重大行政决策论证专家库。这些法规制度的执行，促进法治政府建设迈入了一个新阶段，取得了明显的成效。2014年中国首份《中国法治政府评估报告2013》，广州位列全国53个城市第一名。

4. 经济法治有效保障经济的良性运行

随着经济法治化进程的加快，广州通过强化法律规范和严格执法、依法行政等方式，整治市场秩序、规范市场行为；同时也规范了政府的行为。自从1999年以来，广州共进行了五轮行政审批制度改革，大幅度清理和规范行政许可审批事项、非行政许可审批事项、全面清理和规范了备案项目。同时，规范了前置审批项目管理，理顺了前置审批程序，避免出现互为前置条件的现象，特别注重理顺企业登记前置审批项目。通过行政审批制度改革，明确了审批主体、条件、标准、责任、权限、方式、时限等，促进了市场机制及规制的良性运行，防范并矫正市场机制的负面效应，推动市场机制与宏观调控、公共利益与个人利益的有机耦合，提升广州在营商环境方面的国际接轨程度，有效地推动了广州经济的平稳、健康、有序发展。

（二）主要问题

虽然广州在经济法治化上已在许多领域领先于全国，但与许多城市一样，仍存在一些共性、亟待解决的问题。

1. 政府与市场的界限仍有待厘清

在经济治理中，政府权力对微观经济主体的干预仍然较多，对经济行为的行政裁量权缺乏明晰的制度约束。2014年广州发布了行政权力清单，清单涵盖了市属48个行政单位、共4973项市本级行政职权事项，明确了各项职权的实施单位、职权名称和职权依据。改革力度不可谓不大，但从一些重要经济部门权力清单看，仍然保留了一些可由市场决定的事项，权力过泛、过大、越位、错位、"大门开放、小门不开"的问题仍然存在。如关于企业投资项目审核备案涉及多个部门，"单一窗口"办事尚未实现。某些部门有"企业投资项目核准""创业投资企业备案""企业投资项目备案""外商投资项目核准（3亿美元及以上）"等行政审批，而另一个部门也有"内资企业投资项目核准""外商投资项目核准（初审转报）"等行政审批，审批权力多有交叉。再如，对一些具体经营行为的处罚和特许经营等的审批过滥，如酒类特许经营，完全可以放开酒类特许经营，交由市场进行有效竞争。另外，按照国务院的相关要求，政府需要制定责任清单，目前广州相关部门的责任清单还没有公布，政府责任还不够明确，政府与市场的边界还有待进一步厘清。

2. 政府经济管治有待改进

一是市场的监管还没完全到位。由于缺乏事中和事后的监管，假冒伪劣产品事件不时出现，食品安全隐患较多，环境污染、偷税漏税等行为时有发生。二是政府主体之间不良竞争。招商引资相互挖角，人为制造市场分割和地区封锁，行政垄断现象突出。如全市多个区的政府都提出要大力发展总部经济，并采取土地价格优惠、企业总部奖励等政策措施，带来诸多不良竞争问题。三是领导个人因素对经济干预的作用过大。部分领导人的信仰、态度、兴趣、情绪、利益观、价值观等往往会对部门行为产生关键性影响，进而影响到政策和战略的稳定性、连续性。

3. 公共服务供给法治化滞后

近年来，政府提供的公共服务种类、数量和质量都有大幅度改善，基本公共服务均等化水平显著提升。但是，却缺乏明晰的法治化保障：一是公共服务缺乏法治标准和准则，尤其与国际通用标准相一致的完善的技术标准、产品质量标准、污染排放标准、商标标准、专利标准及其他知识产权标准等。如政府在提供"交钥匙工程"的住房保障中，应该对住房配套到何种程度，尚缺乏明晰的保障，以致出现是否应配"毛巾架"等争议，极易形成相关的部门与群众的误解和矛盾；再如中小学上课时间的调整和安排，有些小学下午3点多钟就放学了，而过去多数学校都是5点放学，这样学生只能去社会的托管班，这实际上是涉及学校有没有足额提供公共服务的问题，我们也缺乏类似这样的公共服务标准。概而言之，广州公共服务和管理都不同程度地存在缺乏法治依据或者有法不依、执法不严等问题（见表1）。二是对区域公共服务差异的调控缺乏法规约束。广州是超大城市，地区差异较大，对贫困地区、保障社会弱势群体服务资源的再分配权和发展权的法规保障不够，扶贫政策时有时无，难以持续运作；领导重视时，搞得好一点，领导不重视时没人理。三是如何提高公共资源的配置效率，还缺乏法治手段。如社保资金怎样运用缺乏明确的法律指引。在现实中也存在公共资源配置的重复、低效、闲置，甚至是浪费的状态。

表1 广州公共服务和管理的主要问题与法治的关联

主要问题	主要的法治关联
基础教育	义务教育尚无法覆盖常住人口，义务教育法的落实难；学校公共服务推向社会化市场化，缺乏一个比较明晰的法治化标准指引
知识产权保护不力	知识产权的法治意识不强；有法不依、执法不严、选择性执法等问题比较普遍
社会保障不足	养老、医疗等基础性的社会保障覆盖不足，住房保障缺乏法治标准
环境保护及治理问题	环境保护执法偏软，各地执行标准不一，存在有法不依、执法不严的现象。机动车排放标准设立也缺乏法治准则
城乡建设与管理问题	对城市建设规划建设协调不足，"拉链路"等问题的法律规制不够；违建的法律治理不够；城市建设中历史文化保护尚缺乏足够的法律规范；河涌治理难有长效的法治机制；市容环境治理的相关法制受到挑战；"三旧"改造推进亟须更细的法律支撑
产品质量及食品药品安全	产品质量和食品药品的监管隐患多，存在有法不依、执法不严的问题，对涉事主体的经济处罚多，法律惩处少，缺乏足够的威慑力

续上表

主要问题	主要的法治关联
医疗	医患纠纷的法律治理难,药品价格形成的制度建设不足,医德医风的养成缺乏制度化规范
公共文化	公共文化服务缺乏一个基本的制度化的服务标准,公共文化服务的提供缺乏法治保障

4. 经济规划与经济规制法治化不足

从国家层面看,《城乡规划法》从法律层面规定了城乡建设的基本准则,效果显著。但国民经济规划、产业规划、主体功能区规划等领域都还缺乏法治保障,往往是"纸上画画、墙上挂挂"。特别是战略规划,由于其规划意图时效性弱、缺乏法定地位,往往随着领导人的更替而更替,规划及战略的稳定性、持续性大打折扣。在经济规制方面的法治也不足。如几年前关于广州公共汽车及出租车在选用 LPG、LNG 上的决策争议,也是一个缺乏法治规范的问题。从 2003 年决策选用 LPG 的公交车替代柴油的公交车,再到 2012 年将逐步更换为使用 LNG(液化天然气)或其他新能源的车辆,决策层更多关注经济技术层面的论证,而实际上还应关注遵循怎样的法治标准及决策程序的合法性。再如近期的 Uber、滴滴快车等争议事件也应依法裁决,而非由行政部门干预管理,应避免舆论认为政府成为垄断利益的"代言人"现象,有损政府公信力、"临时"执法、"错位"执法、行政强制等手段也应尽量减少。

5. 市、区及镇街政府权力关系法治化不配套

改革开放以来,广州市对区(县级市)、镇(街道)已经进行了五轮政府权力的下放改革。权力的下放改革激发和调动了各级基层政府的积极性。但由于在市、区及镇街的权力、责任和利益关系未能合理地处理好,虽然事权下放了,但是财权及人力资源的配置却未能跟上,导致下级机关责任大、任务重,而力量小、财力弱,权责严重不对等。尤其是在镇街层面上,一些法律明确规定只有区(县级市)政府才能行使的事项也采取委托管理等方式下放了,往往通过授权的形式来执行,出现"镇街做事、盖区相关部门的章"情况。另外,所下放的事权不少都是工作难做的"硬骨头",基层政府及机构的人员时常产生对权力下放的法律依据在哪里的疑问。

6. 市场法律体系的总体框架有待完善

总体上,当前市场经济需要的基本法律框架的顶层设计,离现代市场经济的要求，差距还比较明显。不少法规亟待完善，如财产权法、反不正当竞争法；由于存在很多类型的特殊经济功能区，彼此之间差别化的优惠政策导致区域市场分割明显，难以形成统一开放、竞争有序的市场体系。这些法律制度问题，虽属国家层面的顶层法律设计，但广州作为地方法治的主体，从基层创新推动国家法治的角度上，也应有一定的探索空间。

7. 市场主体的法律保障不平等

由于缺乏足够的法律保障，不同性质的市场主体地位不够平等。国有企业、垄断行业和垄断部门的权力和地位过大过高，腐败、寻租、社会不公平现象频发，一定程度上出现了内部人控制，国有资产流失、"蚕食"的现象。民营经济在投资准入及经营中往往处于不利的境地，很多行业并没有对民营企业全面放开或设立较高的准入门槛，这不仅有失公平、增加交易成本，也降低了经济效率。在维护平等竞争、规范主体行为和维护主体权利等方面，"后规则、潜规则""隐形门、弹簧门"现象突出，制约了企业正常市场经营活动。在企业内部不同类型人员的权益保障也不够平等，企业内部收入分配不公，企业职工与经营管理者之间的收入差距很大。

8. 要素市场法治不健全

从现实看，基本的要素市场不够发达、法规机制不健全，市场垄断及分割现象比较明显。究其原因，法治保障的不足是其中重要的一环。在人力资源市场上，人力资源流动的机制不活，人力资源流动不畅；在金融市场上，金融市场化的法律支撑程度不足，货币资金价格扭曲现象普遍；在土地市场上，由于法律制度的限制，城乡市场长期"二元"分割，导致城市土地市场化程度较高，乡村土地难以进入到统一的土地交易市场；在技术市场上，知识产权的法律保护在制度和实施层面上都比较薄弱。

三、推进广州经济法治化的若干对策建议

社会主义市场经济本质上是法治经济。而法治建设的滞后，已经成为制约我国（包括广州）社会主义市场经济进一步发展的重要瓶颈，这也深刻关系到广州国家中心城市建设，自贸试验区成功形成可复制可推广的经验，形成国际化、市场化的营商环境等重大问题。因而，要全面深化经济体制改革，必须从瓶颈突破开始，利用广州具有立法权的基础条件优势，大胆探索、仔细论证、系统设计、全面推进法治经济建设。

（一）树立率先建设成为全国法治经济示范城市目标

加强改革战略、开放战略、经济发展战略和法治战略的顶层设计和协调发展，充分发挥好、巩固好广州国际营商环境优势，抓住"一带一路""自贸区"两大战略机遇，大力推进法治经济制度建设，以法治方式正确处理好政府与市场的关系，依法保护市场主体权利，保证市场发挥配置资源的决定性作用，推动市场经济规则与国际接轨，大力推动政府职能转变，以法治约束政府的权力，落实政府责任清单、权力清单，规范政府的经济管理行为，明确广州经济法治战略的目标定位和实施的价值标准，争取党中央、国务院、全国人大支持，获得更多领域特别是经济管理、商事管理等领域的立法权限，允许在广州全市或自贸区等范围内拥有较为完整的经济、社会事务立法权限，作为全国建设法治经济试点区域，在国家的允许和支持下，广州可探索试点出台一份关于广州建设法治经济城市建设的实施意见或若干问题的决定等文件，宣示市场主体产权保护、政府依法执政等原则在法治经济建设中的核心地位，规划广州法治经济城市建设的中长期目标、阶段目标、指导原则、重点任务以及具体的推进机制等，为全国更广阔的地区乃至全国的法治经济建设实践积累经验和做出示范，成为全国率先建设成为法治经济示范城市"排头兵"。

（二）开展普法思想学习实践，牢固树立依法执政的法治观念

思想跟不上市场经济发展的实际，就无法顺利进行改革发展和创新实践。经济法治化是保障改革开放、转型发展、创新驱动能够顺利开展的关键制度因素之一，需要领导干部和全社会转变传统思维。目前，广州法治思维和法治方式尚未在全社会全面形成，权大于法、人治大于法治等传统方式依然存在，有必要在改革开放30多年后，再次敢为人先，抓住自贸区作为新一轮改革开放试验田的重要契机，在全市范围内进行一轮深入的思想大解放，用法治观念夯实执政基础、用法治精神推进广州深化改革开放、用法治规则激活市场经济活力，坚决破除阻碍市场配置资源的各类体制机制和政策规定，坚决摒弃不符合社会主义市场经济发展规律的陈旧观念和扭曲手段，牢固树立政府法定职责必须为、政府法无授权不可为、市场主体法无禁止皆可为的法治经济观念。全市各级领导干部都要形成自我革新的精神，加强法律制度学习，以法治观念开展管理与服务，特别是对市场经济中出现的新事物、新情况，要严格依法执政，只要法律法规无明确限制、禁止，应首先放开，把工作重点放在事中事后的管控上，打造懂法、信法、守

法、善于执法的法治人才队伍。同时，加强全社会法治宣传教育，强化各类市场主体形成依法办事观念、提升运用法治思维和法治方式开展工作的能力，提高全社会成员尊法、信法、守法、用法意识。

（三）推动"三个清单"纳入法治范畴，依法确立政府与市场的界限

1. 理顺政府四个层面关系

一是在"政府—市场—企业"层面上，重点是要营造市场充分竞争的环境，改革的基本方向是政府向市场"放权"，让市场调节交易行为，明晰确定政府行为边界。二是在"政府—社会—群众"层面上，重点是塑造民主法治秩序，改革的基本方向是向社会、群众"让权"，凡是社会、群众自己能够做的，就应当由其自发协调解决自己做主，政府应注重社会失灵的领域。三是在"中央—部门—地方政府"层面上，广州应结合自身实际，争取结合自贸区等试验机遇，合理地向上争取更加完整的权限和相应的责任，包括合理的事权及与之相配的必要的财权、自主的财产权、举债券等。四是在"市级政府—基层政府"层面，重点是要重心下移，赋予区县更多完整的财权和事权，同时推动基层政策扁平化改革，推动镇街等基层政府作为派出机构，提高政府运行效率。如"三旧"改造的相关权力主要集中在市层面，而区级"三旧"改造的权力较小，可以考虑将相关权力下放，充分调动区级的积极性和主动性。再如，要尽快制定和完善中国（广东）自由贸易试验区及各类经济功能区建设管理的法规规章；应赋予南沙新区和广州开发区更大的自主权，凡属于市级权限，原则上都应下放；凡是国家法律法规没有禁止的，市各有关部门都要鼓励和支持新区（开发区）先行先试，形成全市合力，共同推动新区（开发区）争取在更多领域开展中央改革试点。

2. 将三个"清单"纳入法治范畴

依法界定政府与市场的界限，党的十八届三中全会要求，要发挥市场在资源配置的决定性作用和更好地发挥政府主导作用。在经济领域中，这一关系良好实现的关键在于实现经济增长方式从政府主导向市场主导的转变，需要依法规定政府与市场的边界，实现政府与市场、政府、社会组织（企业）与个人关系的定型化、制度化。由此，广州应尽快推进将面向政府的"责任清单""权力清单"和面向企业的"负面清单"纳入法制的范畴，以法律的形式规定政府的权责，限制政府干涉具体的微观经济事务和市场自由，做到"法无授权不可为"，严格限定政府领导人的职权范围，避免不合理的、先入为主式的经济干预行为。进一

步明晰行政裁量权经济尺度，约束行政裁量权的滥用。将政府的重心凝聚到经济宏观调控、公共产品的提供和市场秩序的营造上来，这对于打造国际化、市场化的营商环境具有长远裨益。

（四）全面推进依法行政、依法调控，建设法治政府、服务政府

1. 推动经济规划和政府调控法治化

一方面，要努力推动"三规合一""多规合一"，实现规划执行制度法制化。尽早实现以法治保障"一张蓝图干到底"，把国民经济与社会发展规划、城市规划、土地规划、主体功能区规划等经济规划纳入到地方法制规章中，严格界定规划编制的主体资格、规划修订的条件和规划修订的程序，要通过人大的授权来保证相关经济规划的编制、修订和执行。同时，在珠三角共同打造世界级城市群的进程中，遵循新修正的《立法法》的有关精神，积极探索广州与珠三角相关城市的区域立法协调和交流。另一方面，推动政府宏观调控的规范化、法治化。将地方政府对经济调控纳入法治化轨道。通过人大立法的形式，按照地方政府职能要求，进一步明确各级地方政府对经济调控行为的权限范围、调控程序和主要手段，防止宏观调控的滥权；在宏观调控过程中，要按照法定的事先预设的调控程序，规范操作；建立政府与市场经济主体的对话机制及听证制度，构建公共利益与市场主体的补偿制度，努力做到调控程序和调控手段的合法化、透明化。

2. 推动公共服务供给的标准化、制度化

强化政府公共服务这一首要职能，进一步制定和完善教育、医疗、社会保障、环境保护等方面公共服务标准，为政府公共服务提供法治化准则。强化对区域公共服务差异的调控机制建设，逐步熨平区域公共服务差距。如可以采用公私合作制（PPP）模式，在市场上按照市场竞争的规则寻找和引入的合适合作伙伴，借助私人部门的资金、技术及其他优势，形成混合所有制的资源配置格局，使公共利益与私人利益捆绑起来，进而带动公共资源配置效率的提高，促进政府职能转变和新型社会治理方式的形成。

（五）加强经济重点领域法治体系建设，形成更加完备的经济法治规范体系

1. 切实加强产权保护

按照国家和省市推进依法治国的战略部署，遵循"保护产权、维护契约、统一市场、平等交换、公平竞争、有效监管"的导向，在完善商事制度改革、

土地管理、农村集体资产管理等方面强化立法或建立法律规章，重点加强培育市场主体、促进中小企业发展、推动广东自贸区南沙片区建设等方面的立法；建立完善鼓励创新的产权制度、知识产权保护制度和促进科技成果转化的体制机制，率先探索完善社会主义市场经济的法律制度。

2. 依法保护各类所有制经济主体

一方面，要打破垄断，营造高效竞争的市场环境。垄断阻碍市场竞争，有碍市场有效地发挥配置资源的决定性作用。垄断主要发生在国有资本领域，以及国有企业利用其行业垄断地位，向关联竞争性行业延伸，挤压公平竞争空间。广州可探索试验修改完善国有企业、国有资产相关法律法规、公共资源配置法律法规、市场监管法律法规，可以考虑制定自身的地方行政程序法规，完善反不正当竞争的法律规范，为国家市场法律体系的完善提供探索的经验。可以探索制定类似《国有资本战略布局法》，对国有资本投向的行业和领域进行分类，以契合党的十八大报告提出的"推动国有资本更多投向关系国家安全和国民经济命脉的重要行业和关键领域"决策部署。对于行政性垄断行为，目前由上级行政机关责令改正的规定力度明显不够，应加大反垄断执法机构在这方面的执法力度，尽快建立公众投诉、信息公开与部门行政执法协作等工作机制，使《反垄断法》的规定能够落到实处。同时，可以通过扩大行政诉讼受案范围的方式，鼓励公众对行政性垄断行为直接寻求司法救济，将行政性垄断行为纳入行政诉讼受案范围，通过人民法院的司法监督进行制约。

另一方面，依法保护各类非公有制市场主体。要切实将最高法发布的《关于依法平等保护非公有制经济，促进非公有制经济健康发展的意见》落到实处。完善权利保护的程序规定，建立以司法救济为核心的权利保护机制。及时废除各类违反公平竞争和平等保护原则的规定，放宽市场准入，保护民间投资在交通、能源、城建、社会事业等涉及公共资源利用领域的权利。鼓励面向民间招标选择投资主体，规范公共资源交易行为，将工程建设招投标、土地使用权出让、探矿权采矿权交易、政府采购、医药采购等交易依法纳入集中统一的公共资源交易平台，切实支持非公有制经济发展，促进各类营商主体公平、公开、公正竞争。

3. 完善要素市场的法律规范

从公共资源、人力资源、金融市场、土地市场、技术市场等方面入手，加强要素市场的法律规范及制度建设，形成市场监管的法律框架。如可以争取国家允许，在广州适用更具综合性的《市场监管法》，强化市场监管机构的权威性；适用更加严格的《食品安全法》和《药品管理法》，实行最严格的食品药品安全监管制度等；结合创新驱动战略的实施，探索制定吸引人才的竞争基准。在遵循国家发展总体精神的前提下，探索市级人大授权，大力推动金融创新，推动自贸区金融政策逐步推广至全市，允许设立自由贸易账户，发展离岸金融、期货、自由兑换等金融创新业务。尽快建立城乡一体化的建设用地交易市场，形成国有土地、集体建设用地、宅基地同权同利制度。在技术市场上，与国际标准接轨，制定高标准的专利、商标、版权等各类知识产权保护条例与相关实施细则，推进知识产权保护落到实处，充分运用广州知识产权法院的司法保护功能，形成知识产权保护长效机制。

（六）健全和保护各类主体监督功能，形成更加完善的法治经济监督机制

1. 强化人大预算审议监督职能

确定政府的权限后，应首先充分发挥人大监督职能，特别是在预算领域可优先开展。广州可提出试点完善《预算法》，强化政府预算约束，提高透明度、清晰度，建立全口径财政预算，清理所有未纳入预算的各种收入，将所有财政性资金全部纳入国库单一账户管理，清理各类低效的专项性资金，强化国库资金收支监督。优先加大预算解决广州超大城市公共资源紧缺难题，减少政府在经济建设领域的支出，大幅度提高财政对社会保障、教育和医疗等民生领域和对节能、环保等领域支出的比重。保持政府基金预算、公共预算、国资经营预算、社保预算的完整性、独立性。要切实加强市、区两级人大对税收、拨款、转移支付等的预算审议监督职能，切实赋予社会公众申请预算公开的权利，并为权利的行使提供法律救济，建设廉洁政府、透明政府、法治政府。

2. 强化对政府内部经济权力使用的监督

要按照党的十八届四中全会的明确要求，在经济领域中，侧重加强对政府内部权力的制约，对财政资金分配使用、国有资产监管、政府投资、政府采购、公共资源转让、公共工程建设等权力集中的部门和岗位实行分事行权、分岗设权、分级授权，定期轮岗，强化内部流程控制，防止权力滥用。完善政府内部层级监督和专门监督，改进上级机关对下级机关的监督，建立常态化监督制度。完善纠错问责机制，健全责令公开道歉、停职检查、引咎辞职、责令辞职、罢免等问责方式和程序。

3. 强化市场经济主体监督

在现行经济管理类法律中，广州可率先提出强化市场主体监督功能的相关法

规。如增加民事赔偿的规定，鼓励市场主体通过诉讼方式维护自身权益，从而维护市场的正常运行。改革代表人诉讼制度，借鉴香港等发达地区的成功经验，建立集团诉讼制度，切实保护市场主体合法权益。可以探索建立公益诉讼机制，鼓励民众、企业、社会组织代表公共利益对环境污染、政府采购中的欺诈金额腐败、垄断损害等提起公益诉讼，并对胜诉的公益诉讼发起主体给予奖励。支持民间仲裁解决经济纠纷，鼓励民众、企业采取合理合法的私力救济方式保护自身合法利益。允许群众、企业等主体对各级行政机关制定的法规、规章和规范性文件提起违法诉讼。

（课题组成员：杨再高、白国强、覃剑、葛志专）

发达国家网络安全战略的特点及对广州的启示

当今世界的互联网发展与经济社会各领域的融合日益紧密，网络空间已经成为关系国际及国家安全的重要领域。美、英、法、德、俄等大国为争取网络空间优势，纷纷建立起网络空间的国家战略。澳、加、韩等中小国家也不甘落后，积极制定网络安全战略，努力维护自身的网络空间权益。为适应国家安全面临的新形势新任务，2015年7月1日，第十二届全国人大常委会第十五次会议表决通过了《中华人民共和国国家安全法》，7月8日，《网络安全法》草案向社会征求意见。这意味着我国即将进入"网络法治化"时代。本文通过对发达国家网络安全战略发展状况及特点的梳理分析，探讨其对推动我国网络安全立法和广州网络安全建设的启示及其借鉴。

一、发达国家网络安全战略的特点

（一）美国：以关键基础设施安全为重点，形成有配套法律法规和标准技术的严密的网络安全体系

美国作为世界上网络应用最发达的国家，也是首个制定网络安全战略并将其纳入到国家安全战略层面的国家。从克林顿、小布什至奥巴马总统都高度重视网络安全在国家安全战略中的重要作用。立法、司法和行政是美国的互联网监管体系的三大领域，其中包括了联邦与州两个层次。针对互联网的监管，实行宏观整体规范与微观具体法规相结合，其特点是涉及面极广，涵盖了行业进入规则、电话通信规则、数据保护规则、消费者保护规则、版权保护规则、诽谤和色情作品抑制规则、反欺诈与误传法规等许多方面，法规多达130部。

以保护国家利益为出发点，美国实施的网络安全战略将关键基础设施保护为重点。在2010年出台了《国家网络基础设施保护法案2010》和《网络空间作为国有资产保护法案2010》两个提案。其中在《国家网络基础设施保护法案2010》中规定：国会应该在网络基础设施保护领域设置"安全线"，以保障美国

的网络基础设施安全,留给政府和私营部门一定的灵活性;提议成立国家网络中心,并由参议院指定一个人作中心主任,直接向国会、美国人民和总统对信息安全负责;提议在政府和私营部门之间建立一个网络防御联盟的伙伴关系,以促进私营部门和政府之间关于网络威胁及最新技术信息之间的信息互通,等等。《网络空间作为国有资产保护法案2010》授权国土安全部对国家机构的IT系统进行维护监管,规定总统可以宣布进入紧急网络状态,并强制私营业主对关键IT系统采取补救措施。

(二)英国:严密的法制与高效的管理相结合,强调跨部门协作,重视对网民的网络技术安全教育

英国具有极强的网络攻击抵御能力。1996年,英国政府部门就与网络业界和行业组织共同推出了作为网络规范的《R3安全网络协议》;2003年更新了《通信数据保护指导原则》,将法规适用范围从电话、传真扩展到电子邮件和其他信息服务形式。在2010—2015年度国情咨文中,英国政府将网络攻击视为四大优先关注国家安全问题之一。

2011年11月,为了应对网络安全威胁,英国政府正式发布国家网络安全战略(CSS)。2012年4月,卡梅伦政府向议会提交了互联网监管法规草案法案,提出要扩大安全部门的网络监管权。

英国的国家网络安全战略明确了政府有关部门在网络安全方面的职责,同时也强调私营部门要在网络安全建设和投资上应发挥主体作用。在科学研究界,工程与物理科学研究委员会(EPSRC)得到了国家研究委员会的资助,开展网络安全方面的研究活动。英国公私部门也协作开展许多网络项目。

英国政府非常重视网民的素质教育,特别是网络技术安全教育。规定5岁以上儿童都要学习有关"打包、压缩、标记"等技术,从小养成在网络的自我信息保护习惯。倡导网民自律,引导网民自觉参与网络治理活动,举报违法网站。与此同时,英国政府还通过主动提供技术支持,保证网络治理活动的顺利实施。

(三)日本:构建"世界领先的""坚强的""充满活力的"网络空间,加强政府与民间的协调和运用

日本作为世界上信息化程度最高、网络信息技术最发达的国家之一,最早将信息技术应用于国民经济部门和社会生活领域。为适应不断变化的网络环境,近年来日本从国家战略层面不断加强网络安全顶层设计,实施了一系列战略举措。

2010年《日本保护国民信息安全战略》发布实施,作为保护日本民众日常生活和社会正常运转的关键基础设施安全战略研究和执行措施,组建了多个能主动落实网络安全政策的组织机构,旨在从根本上解决网络安全问题。此外,日本政府还号召民间机构和社会团体也加入到保护网络安全的行动中,成为专门的网络防御力量。日本防卫省组建了"网络空间防卫队",防卫队的职能从原来的内部网络安全保护、应对网络攻击扩展到主动研制和运用木马病毒等网络武器实施网络攻击,从而在防御范围和"进攻"能力方面都得到扩大和加强。

2013年6月10日,日本国家信息安全中心发布《网络安全战略——构建世界领先的坚强而充满活力的网络空间》。该战略从"世界领先的""坚强的""充满活力的"网络空间高度定位,实现"网络安全立国"。当中确立了4项基本原则:确保信息自由流动,通过创新举措应对日益突出的网络威胁,实施基于变化的网络风险应对方法,网络空间责任共担。该战略明确了网络安全领域相关主体职责,提出三个层面的目标和具体措施。

由日本国会众议院于2014年11月6日表决通过的《网络安全基本法》,明确规定了电力、金融等重要社会基础设施运营商、网络相关企业、地方自治体等在配合网络安全相关举措或提供相关情报方面的义务,这对加强日本政府与民间在网络安全领域的协调,更好地应对网络攻击有着积极的作用。

(四)德国:注重网络安全顶层设计与技术开发,整合资源,加强政府部门之间与经济界的合作

早在2001年,为应对黑客威胁,以德国联邦内政部为主导,组建了德国网络应急预警系统,旨在整合社会各方力量保护网络安全。为了加强顶层设计,德国政府于2011年出台了首部《网络安全国家战略》,成立相应的负责机构,把网络安全纳入国家安全战略之中。该战略作为最高层设计,成为其他原则、措施制定的依据和基础。根据该战略,设立了网络安全理事会,旨在进一步强化政府部门之间以及政府与经济界之间的合作。

2015年7月,德国议会通过《德国网络安全法》,这是德国网络安全立法由分散走向统一的标志。关于"关键基础设施"的定义,该法在"德国网络安全战略"的基础上更明确了"关键基础设施"运营者的法律责任。规定凡是涉及水资源、能源、通信、医疗、交通、金融、保险等与德国民众日常生活紧密相关的行业或企业均属于关键基础设施的保护范围。同时,技术研发也是德国网络安全体系的重要部分,德国政府大力推动"信息技术安全研究"项目。目前,德

国内政部已起草了《信息技术安全法》，希望通过法律约束力，强制关键基础设施运营商、电信服务商等切实负起保护信息技术安全的责任。

（五）澳大利亚：开展全民网络风险教育，重视网络技能人才培养，增强网络威胁的探测分析及应对力

澳大利亚是世界上最早制定互联网管理法规的国家之一。在2009年11月23日发布的《国家信息安全战略》中，澳大利亚政府就如何保护经济组织、关键基础设施、政府机构、企业和家庭用户免受网络威胁作出了具体的表述。确立了国家领导、责任共担、伙伴关系、积极的国际参与、风险管理和保护价值观等六大指导原则。

该战略中提出了信息安全三大战略目标和七个优先项。

三大战略目标包括：增强公民的网络风险意识，确保计算机中的有关身份信息、隐私信息、网上金融信息的安全；确保企业能利用到安全、灵活的信息和通信技术，同时在操作上确保客户身份与隐私信息的完整性；政府对国家信息与通信技术安全风险有抵抗力。

七个优先项包括：提高针对网络威胁的探测、分析及应对能力，重点是关注政府、关键基础设施和关系国家系统利益的其他系统。向澳大利亚全民进行在线自我保护的相关教育，为他们提供信息和实践工具，增强其信心。与企业建立合作伙伴关系，促进基础设施、网络、产品与服务的安全性以及遭受破坏后的恢复能力的提升。保护政府ICT系统（包括与政府进行网上交易的相关系统）。推动营造一个安全可信、可恢复且能为澳大利亚国家利益提供支持的全球电子运行环境。维护有效的立法框架和执法能力，依法治理网络犯罪。培养成熟的、具有研发创新能力的网络安全技能人才。

（六）加拿大：重视政府安全服务能力的提升，网络监管体系严密高效，倡导行业自律，加强国际合作

加拿大政府有非常先进的网络安全理念，并且重视提升政府的安全服务能力。其实施的网络安全治理模式特点是：全面有效预防网络安全事件，及时高效处理损害后果。

2012年10月，加拿大公共安全部发布了具有纲领性作用的"加拿大网络安全战略：为建设一个更加繁荣强盛的加拿大"，该战略由确保联邦政府网络系统安全、保障联邦政府以外的网络安全和帮助公众维护网络安全三个支柱构成。

2013年，又发布了"加拿大网络安全战略2010—2015年行动计划"，列出了具体行动计划，且各项行动的实施都有相关的主导部门。

加拿大的网络安全战略充分体现合作原则，网络监管体系严密高效。联邦政府各部门各司其职，分工合作，信息共享。政府和私营部门共同承担网络安全风险，各地区、各省和联邦政府的组织之间通力合作。除了政府机构，加拿大还强调通过行业自律作用预防和处理网络威胁，通过设立行业规范，培养市场自治能力，增强政府监管的效率。加拿大政府与一系列国际组织也建立了合作关系，共同应对网络安全问题。

（七）新加坡：重视互联网的立法及执法工作，通过多管齐下实施网络监管，提升网络袭击的抵御能力

新加坡是世界上最早推广互联网和互联网普及率最高的国家之一，也是网络管理最为成功的国家之一。其特点是通过立法、执法、准入以及公民自我约束等实施网络监管。在确保国家安全和社会稳定的前提下，最大限度地为网民使用网络提供保障。在政府的主导下，新加坡出台了一系列旨在防范网络侵权及损害个人利益的规范及法案。

新加坡《国内安全法》作为国家安全的基础性法规，对禁止性文件与禁止性出版物、互联网服务提供商的报告义务及国家机关拥有的调查权与执法权等都有明确的规定。《网络行为法》中对网络内容的管制也有明确的条款。《互联网实务法则》规定所有互联网服务供应商都为政府所有或有政府背景，并遵守互联网操作准则。互联网禁止出现的内容包括：危及公共安全和国家防务、动摇公众对执法部门信心、煽动或误导部分或全体公众、引起人们痛恨和蔑视政府、激发对政府不满、影响种族和宗教和谐、对种族或宗教团体进行抹黑和讥讽、在种族和宗教之间制造仇恨、提倡异端宗教或邪教仪式、色情暴力、恐怖手法，等等。《互联网操作规则》规定互联网服务提供者和内容提供商有义务配合政府要求对网络内容进行自行审查，发现违法信息应及时举报，协助政府屏蔽或删除非法内容。

新加坡国会在2012年10月通过的《个人信息保护法案》中规定互联网服务必须尊重用户的个人资料。手机软件等应用服务平台也属于该法案的管控范围。法案规定禁止向个人发送市场推广类短信，用网络发送信息的软件也同样要接受管制。新加坡政府还与互联网服务商共同制定了《行业内容操作守则》。

(八) 韩国: 构筑能探测和防范网络袭击的"三线防御体系",设立"网络安全日",开展"清净互联网运动"

在信息化和网络安全的发展历程中,韩国政府一直在不断努力完善其网络安全体系,制定了一系列网络安全战略来保护本国的信息产业和国土安全。从2004年的"IT839战略"到2008年、2010年"国防白皮书",2011年《国家网络安全总体规划》,从技术层面、国防军事以及国际合作层面再到国家层面,从关心泛在计算带来的安全隐私问题到制定国家安全战略防止网络袭击,韩国网络安全的战略发展步伐令人瞩目。

2011年8月8日,韩国政府出台了《国家网络安全总体规划》,以"防御"为重心,主要内容包括对网络攻击的预防、探测和响应。并成立"国家网络安全中心",由国家情报院负责运作,参与合作的还包括行政安全部在内的十几个政府机构。

在防范网络恐怖袭击方面,韩国政府引进"三线防御体系",从不同角度探测和防范来自网络的恐怖袭击。政府部门和民间企业对重要信息加密、数据备份和系统恢复等技术和设施要求都成为政府网络安全战略关注的重要方面。

韩国政府还通过设立"网络安全日",开展"互联网清理运动",提升民众网络安全意识。

二、广州网络安全问题面临的主要影响

(一) 对政治安全的影响

广州作为我国沿海开放城市和特大城市,有着"政治经济中心""现代化中心"的重要地位。网络信息技术已经深入渗透到经济、社会、政治、文化等领域,并日益发挥着重要的引领作用,成为广州市民工作和生活的重要支撑。与此同时,涉及全局性、群体性的信息安全事件发生的潜在可能性、危害性也在不断增加,这对广州社会稳定和人民群众的利益保障有着重大的影响。具体表现在以下方面:

(1) 当前,随着改革开放进入全面深化的重要阶段,广州面临的安全形势更加多元复杂,各种矛盾和风险都会集中在网络上反映出来。一方面,民族分裂分子、恐怖势力和邪教分子纷纷利用网络招募新成员,扩大黑势力。其人员组成

复杂，活动隐蔽，行动突发，防不胜防；另一方面，犯罪团伙与黑客团体受巨额利益驱使，利用网络散布恐怖、邪教信息，制造混乱。他们组织松散、目标随意，手段参差，带来防范的困难。还有一些奉行自由主义、反对国家权威的极端个人，也会伺机在网上兴风作浪。

（2）由于互联网对网民的完全开放，所有网民都有条件在网上发表意见和表达情感，如通过BBS、新闻点评和博客、微博客网站等渠道发出自己的声音。一旦有涉及官员腐败、官员失误、警民冲突、医患纠纷、城市拆迁、环境污染等事件曝光，网络舆论就会成为重要推手。一些别有用心之人士也会趁机在网上恶意造谣，蛊惑人心，煽动闹事。与此同时，城市电子政府、电子政务网站遭黑客攻击的事件也时有发生。境外反动势力在网上进行勾结、聚集、组织、动员等活动，严重影响社会稳定，给建设和谐社会、促进改革开放带来严峻挑战。

（二）对经济安全的影响

通过多年的建设，广州的信息化水平位居全国前列，已经成为国家首批信息化综合试点城市。信息化的发展大大改变了广州人的生活方式，无处不在的网络连接和随时随地可用的数据，使互联网络很大程度地融入广州人的日常生活、商务工作和休闲娱乐当中，并且成为广州城市管理、公众服务和社会经济发展等城市日常运行的重要支撑。与世界发达国家城市一样，网络信息化程度越高，网络信息安全问题也越突出。近年来，利用网络实施诈骗犯罪呈现出高发态势，网络信息安全已经成为影响广州社会稳定、经济发展的重要因素。

（1）犯罪团伙及黑客团体在各种复杂的社会经济关系与黑色产业链的影响下，受利益驱使，对城市中的银行、税务、证券交易所、交通、通信等经济网络系统的基础设施进行攻击。近年来，利用网络的诈骗犯罪职业化、智能化、产业化程度高，诈骗环节与手段日益多样化。广州发生的信息网络诈骗犯罪也具有隐蔽性强、流动性大、侵害对象广、犯罪成本低、犯罪形式多种多样的特点。

（2）一些商业间谍通过技术手段非法侵入到大企业、大公司的电脑网络，破译密钥系统，截获交易中的重要绝密信息，窃取、涂改甚至毁坏机密资料信息，修改数字签名，破坏城市的电子商务系统。网络的快速传输，为经济投资特别是游资的投机提供了技术支撑的同时，也带来了城市乃至国家经济的安全问题。犯罪人的经济利益驱动，被害人的网络安全防范意识薄弱，以及网络特性、法律措施、刑罚设置、管理漏洞等因素影响，都给我们预防和打击网络犯罪工作也带来了挑战。

（三）对文化安全的影响

广州作为我国信息化程度最高的地区之一，无论是政务公共信息化水平还是市民公众的信息化水平，都已达到了一个较高的水准。新信息技术应用相对成熟，对城市文化空间产生着较深刻的影响。新的城市文化空间正在进行演化与嬗变。

（1）网络文化垃圾泛滥。当前，网上多元思潮交锋对抗，网络成为滋生传播负能量的集散地。国内外的一些反动组织及势力利用网络，传播资本主义的道德观念和伦理观念，肆意对我国实施文化侵略。对一些网民尤其是对青年学生的思想观念、价值取向带来了直接的负面影响，威胁着我们国家的社会社会主义核心价值体系，削弱了城市文化的吸引力。不法分子利用网络煽动闹事，宣扬极端恐怖主义，传播淫秽、色情、暴力、封建迷信等文化垃圾，致使受毒害的部分人群，特别是青少年走上违法犯罪道路，构成了城市安全问题的重大隐患。

（2）网络文化秩序受扰。一方面是对网络文化生态污染。国外一些发达国家、发达城市的网络通过持续不断的文化传播，将其意识形态、文化理念逐步渗透到城市网民的心里，造成网民对自身民族感的模糊及对民族文化的接受产生抵触。另一方面是对网络社会正常文化交往的妨碍。网络的开放性为不法之徒传播虚假信息、色情文化等打开了方便之门，不少无聊内容甚至有害的邪教传播充斥着网络，各种形式的"黄色文化""黑色文化"毒害了网络环境，对健康的主流文化造成严重的威胁，对整个网络社会文化造成了较大的负面影响。

三、发达国家网络安全战略对广州的启示

（一）把网络安全纳入智慧城市发展战略

广州在我国互联网中具有举足轻重的突出关键地位，是全国互联网三大国际出口之一。目前，广州节点负责的地区涵盖广东、福建、湖南、海南、四川、云南、贵州、西藏、重庆、广西等大部分中国"泛珠三角"地区和西南地区。随着"互联网+""工业4.0""智慧城市"战略的实施，广州今后的经济发展将越来越依赖于互联网，网络安全问题将越来越重要和迫切。因此，要从城市发展战略高度将网络安全管理的流程、目标、组织和实施列入城市管理体系之中。要强化顶层设计，以国家网络安全战略为基点，将网络安全纳入广州智慧城市发展

规划，特别是在广州市"十三五"规划中要有所体现，同步规划、同步部署、同步实施网络安全工作，抓紧研究制定规范性文件和工作条例，为网络安全工作提供制度支撑。

（二）整合各方力量构建高效的网络安全保障机制

（1）整合网络安全力量。维护我市网络安全，需要全社会的支持，形成整体合力。除了各警种、各地区通力配合外，还需要不同地区的各个机构和信息产业、文化产业等部门积极配合，打破固有的利益格局和现行法规制约，建立网络安全防控和网络犯罪打击的跨区域、跨部门协作机制，提高对网络犯罪打击的时效性，保证网络安全建设的系统性、整体性和协调性。

（2）吸引社会力量参与。利用现代化信息技术和多种形态的社会网络组织体系，搭建起一个由各利益相关方参与、兼容性较强的网络治理平台。借鉴发达国家经验，引导和协同各种社会力量，建立政府部门与各类企业的联动机制，实现社会与政府之间网络安全信息的互通共享，组成网络安全组织联盟，提升防范和应对各种网络威胁和攻击的能力。

（三）抓住内容安全与技术安全两大重点

当前，我们面临的网络安全挑战既有全球共性问题，如系统漏洞、网络窃密、计算机病毒、网络攻击、垃圾邮件、虚假有害信息和网络违法犯罪等；更有意识形态渗透、社会文化冲击和技术受制受控等特殊具体问题。因此，我们在广州网络安全防控体系建设中，必须抓好内容安全和技术安全。对网络舆情、网络群体性事件等网络乱象保持高度警惕，及时全面地掌握网络空间的威胁和隐患，防范各种网络风险，及时清除对关键信息基础设施和重要网络系统的安全隐患。通过技术与管理手段，防范技术风险，不断加固、升级和强化信息安全保障体系。

（四）营造文明健康的网络安全文化环境

（1）打造具有广泛影响力的惠民网络文化平台。从提升网民素质现实需要出发，进一步加快文化信息资源的开发利用，构建网络化公共服务体系。

（2）探索既有正确导向又具发展活力的新型的网络监管模式，推进重点新闻网站的体制机制创新。

（3）以社区建设和治理为突破口，充分挖掘社会教育、文化、艺术网站优势资源，积极引导社会各类商业网站参与网络安全治理和网络文化建设。

（4）关注网络技术发展新动向，加强智能网络开发研究，拓展网络文化服务形式，满足网民日益多样化的文化信息需求和个性化的精神文化需求。

（五）重视供应链安全，扶持网络产业发展

当前，广州使用的信息安全产品大多是国外引进的，可以借鉴欧盟的做法，积极研究制定供应链安全管理的相关标准或办法，对ICT（信息、通信和技术）设备制造商、软件开发者、服务提供者等提出相应的安全要求，确保信息网络安全。同时，应充分发挥广州城市功能齐全，产业基础好，市场辐射力强的优势，通过互联网、大数据、云计算等产业的发展，实施和强化创新驱动发展战略，促进和推动电子信息产业转型升级，努力突破信息技术领域的核心关键技术，大力扶持信息技术产品和网络安全产业自主创新。在移动通信、数字家庭、物联网、移动互联网、软件和信息服务等领域培育一批国家及国际龙头企业。并借助国家实施"一带一路"和自贸试验区战略的机遇，走出国门，积极拓展新领域，谋划在相关产业领域开展更高端的合作。

（六）推进网络安全和信息化的法治建设

自全国人大常委会决定的配套立法以及互联网相关立法成为立法的热点领域，持续活跃的信息立法也是地方立法的重点。广州应重视信息网络安全立法工作，以信息网络安全立法为重点内容，加快网络安全的地方立法规划和设计步伐，重视信息安全智库建设。综合运用法律、行政、经济、宣传、教育、监督、科技等手段，规范网络行为、倡导行业自律、实施社会监督；加大对网站（包括网络新闻、贴文、论坛、贴吧、博客、播客等）的监管力度，广泛动员网民参与网络管理，建立健全公正透明、协调高效的市场执法和市场监管机制，努力打造积极健康的网络文化环境。

（七）开展网络安全教育，培养专门人才

目前，对于广州来说，信息安全产业相对规模水平不高，信息网络安全管理技术和信息安全人才的数量质量较欠缺，这些现状都严重制约了广州信息安全保障体系的建设工作。因此，应该有针对性地开展网络安全教育与人才培养。

（1）普法宣传教育。要从义务教育阶段抓起，普及信息网络安全和个人信息保护教育；在高等教育和职业技术教育阶段，开设相应的国家安全、网络安全

法律课程。对保有信息的单位，应明确信息收集、加工、管理和使用的规范。通过足够的财力、人力资源投入，把网络信息安全教育制度化。

（2）专门人才培养。就广州而言，应强调以下几点：第一，我们要培养的，不仅仅是普通的计算机、网络管理人才，还应该具有网络信息安全国际宏观视野的人才。第二，要加强企业与高校、政府与企业、政府与高校、政府与科研机构的合作，深化产、学、研机制体制和合作模式改革，扩大人才教育培养规模，为广州培养高学历、高水平的网络安全人才创造基本条件。第三，集聚社会各界力量，打造并规范各类网络安全技能竞赛平台，通过市场化竞争举办具有国际水准和影响力的网络安全技能竞赛。第四，营造优越的创业环境，积极鼓励和支持网络安全人才，尤其是海外优秀人才和民间特殊人才自主创业。

（3）网络安全研究。针对目前网络安全立法和监管存在严重滞后于实践发展的突出问题，广州应积极推进智库建设，开展网络和信息安全研究，并力求从高起点定位做好立法规划和制度设计研究工作，破解大数据时代我国网络安全立法难题。加强与国际著名智库和机构的合作。

（八）加强区域合作，提升网络安全"辐射"力

应树立"广州的战略腹地到哪里，网络安全合作就要先到哪里"的观念。抓住时机，及早开展有关城市网络安全方面的区域合作和城际合作。当前特别是要加强广州和佛山、广州和深圳，以及穗、深、港网络安全合作，促进有关城市尽早设立网络安全职能机构，并实现业务对接。促进各有关城市网络安全的人员、标准、技术、市场的对接，及早签订城市间的网络合作协定，出台政策和编制规划，应对跨区域的网络安全事件。下一步，要从泛珠三角区域整合角度，争取国家将江西划入广州网络节点负责的区域。要以网络安全区域合作为抓手，确立广州在泛珠三角区域和东南亚国家城市网络中的突出关键地位和引领作用。

（课题组成员：刘碧坚、陈婉仪、曾俊良、罗小田、温宁、姚一民）

广州市治安形势分析与对策建议

近年来的民调显示,广州市民对于治安状况的主观感受逐渐好转,但是,广州的治安案件数量仍处于较高的水平,正确分析和认识这一现象,有助于我们采取更有针对性的措施改善治安环境。根据市领导的指示,广州市社会科学院组织有关专家形成课题组,展开了专项调研。其间走访了市公安局、市来穗局、市综治办等部门,对相关问题进行了了解,并根据相关资料和数据,提出如下分析和对策建议。

一、广州市治安现状及评估

与一般老百姓感觉近年治安形势好转不同,内部有关数据显示,广州治安形势不容盲目乐观。因此,必须分清哪些是城市化进程和城市地位决定的特点,哪些是可以控制的形势。

(一)现状

1. 总量

治安形势与经济社会发展有一定的相关性。经济社会发展变化,必然会带来治安形势的变化。改革开放以来,广州市经济社会快速发展,经济活动剧增,人员流动频繁,导致社会复杂化,许多经济、社会矛盾显露出来,远远超出了政策调整的速度。随之而来的是治安形势严峻化和复杂化,这种情况在改革开放后的30多年里一直持续。

近年来,随着经济发展转型、产业结构提升、关注解决社会问题,经济、社会矛盾有所缓解,至少没有继续复杂化和恶化下去,治安形势严峻程度大为降低,尤其是"亚运城市"建设之后,治安形势进入到了一个相对平稳下降期,如图1所示,2006年至2009年治安案件受理数都在20万件以上,特别是2006年超过了34万件。从亚运年开始,治安案件受理数已下降到了20万件以下,2012年16万多件只比2005年稍多6000多件,2013年治安案件受理数160583件,已低于2005年。刑事案件立案数从2005年至2011年一直呈下降趋势,从

10万多件下降到了5万多件，下降了46.5%（见图2），2012年、2013年突然升高，分别达到了115059件和240625件，是受广州市实行的如实立案制度的影响。从总体来看，警情数总体下降，尤其是八大类暴力案件下降，居民安全感略微上升。立案数则受各种因素影响，上升与下降不能完全反映治安状况。

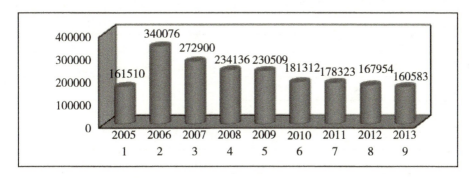

图1　2005—2013年广州市治安案件受理数（单位：件）

资料来源：广州市相关年份统计年鉴。

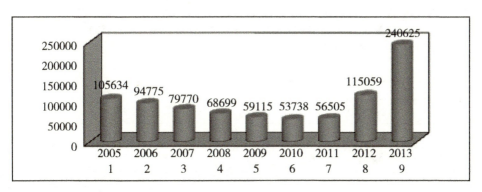

图2　2005—2013年广州市刑事案件立案数（单位：件）

资料来源：广州市相关年份统计年鉴。

2. 案件处理情况

治安案件发展还与相关部门打击、查处有联系，相关部门对各类案件加大打击、查处力度，将对违法犯罪分子给予极大的威慑力，从心理上降低违法犯罪分子的违法犯罪动机，降低违法犯罪发生率，因此，相关部门的及时、准确、高效的打击、查处，是预防违法犯罪的重要措施。近些年广州市相关部门保持非常高的治安案件查处率，刑事案件破案率不断提高，对降低各类案件起到了重要的作用。如图3、图4所示，广州市治安案件查处率从2006年就达到了90%以上，2007—2012年都在98%以上，2013年治安案件查处率97.8%，查处率相当高。刑事案件破案率从2005年到2011年一直升高，只是在2012年由于实行如实立案制度带来的刑事案件急剧上升引发了破案率下降。

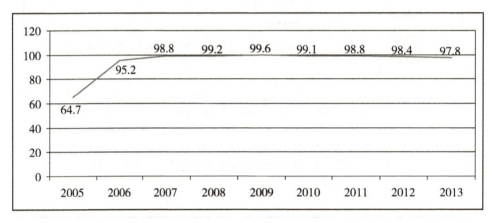

图3　2005—2012年广州市治安案件查处率（单位:%）

资料来源：广州市相关年份统计年鉴整理。

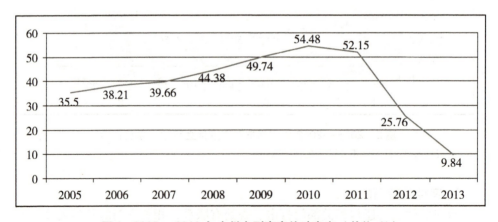

图4　2005—2012年广州市刑事案件破案率（单位:%）

资料来源：广州市相关年份统计年鉴整理。

3. 今年上半年广州市案件形势分析

（1）今年上半年总警情下降。今年上半年广州市案件类警情保持下降趋势，案件类警情同比下降了12.6%，其中刑事警情下降了6.8%，治安警情下降了18.2%。

（2）不同类型警情变动存在较大差异。

一是"两抢"警情明显下降。上半年，广州市共受理"两抢"警情6270起，其中飞车抢夺2684起，徒步抢夺2142起，抢劫机动车161起，入室抢劫120起。"两抢"警情下降达到27.4%，"两抢"中的不同类型警情下降程度出现差异（见表1）。在抢劫警情中，抢劫机动车的警情下降较多，在抢夺警情中，徒步抢夺下降较大。

表1 2014年上半年广州市"两抢"警情变动形势

案件警情类型	同比变动（%）
抢劫警情	↓33.1
拦路抢劫	↓38.2
抢劫机动车	↓45.8
入屋抢劫	↓36.8
抢夺警情	↓25.6
徒步抢夺	↓29.4
飞车抢夺	↓22.1

资料来源：广州市治安指挥中心提供。

二是盗窃警情有小幅下降。上半年，广州市共受理盗窃警情92062起，其中入室盗窃警情20358起，盗窃警情整体同比下降了2.7%，下降幅度较小，部分警情上升（见表2）。

表2 2014年上半年广州市盗窃警情变动形势

案件警情类型	同比变动（%）
入室盗窃	↓15.3
盗窃汽车	↑2.8
公共场所盗窃	↓0.3

资料来源：广州市治安指挥中心提供。

三是诈骗警情下降幅度较大。上半年，广州市共受理诈骗警情18749起，诈骗警情下降了27.3%，下降幅度较大，其中各类警情都有不同程度的下降（见表3）。

表3 2014年上半年广州市诈骗警情变动形势

案件警情类型	同比变动（%）
非接触类诈骗	↓24.1
电话诈骗	↓25.6
冒充公检法"安全账户"电话诈骗	↓23.8
冒充亲友和欠税欠费电话诈骗	↓22
网络诈骗	↓
接触类诈骗	↓36.9

资料来源：广州市治安指挥中心提供。

四是黄赌毒警情总体下降，具体来说，涉黄有升，涉毒有降，涉赌有升有降。上半年共受理黄赌毒警情38283起，黄赌毒警情有一定程度下降，但下降幅度不大，仅有7.8%降幅。其中，涉黄警情有大幅上升（见表4）。

表4 2014年上半年广州市黄赌毒警情变动形势

案件警情类型	同比变动（%）
涉黄警情	↑27.8
宾馆、酒店等旅业涉黄	↑50.9
发廊涉黄	↑12
娱乐场所涉黄	↑54.9
涉赌警情	↓15.2
"三公"赌博警情	↑120
涉毒警情	↓6.6

资料来源：广州市治安指挥中心提供。

4. 结构

经济是基础。许多社会现象反映的是经济问题，治安形势也是如此，涉及经济问题的治安案件一直是治安案件中最多的，而且这类案件比较难于通过防范手段实现明显的下降。盗窃类案件、抢劫类和抢夺类案件都是涉及财产类案件，杀人、伤害等许多案件也大多是因经济纠纷而产生。

5. 区域分布

广州市区、县级市[①]由于经济发展水平、经济结构、产业结构、外来人员数量、城市发展历史及文化不同，形成了有差别的治安形势。白云、天河、番禺、海珠等区的治安形势比较严峻，警情数量较多。

治安形势差异性还表现在区、县级市内治安案件结构有所不同。从表5来看：

越秀：治安警情总量降幅较大，但飞车抢夺、盗窃警情总量、入室盗窃、公共场所盗窃、黄赌毒警情总量、涉黄、涉毒同比都有上升，其中公共场所盗窃上升幅度还比较大。涉赌有所下降。

荔湾：治安警情总量有较大降幅，盗窃警情总量、公共场所盗窃、黄赌毒警情总量、涉赌、涉毒都有下降。飞车抢夺、涉黄有上升。

---

① 2014年年初广州市行政区划有调整，增城、从化撤市设区，萝岗、黄埔合并。但2013年各项统计数据并没合并，因此本研究仍按原有行政区划进行。

海珠：治安警情总量、盗窃警情总量有较大降幅，公共场所盗窃、黄赌毒警情总量、涉赌、涉毒有下降。涉黄上升。

白云：治安警情总量、公共场所盗窃、黄赌毒警情总量、涉赌、涉毒有下降。盗窃警情总量、盗窃汽车、涉黄有上升。

天河：治安警情总量、盗窃警情总量下降幅度较大，公共场所盗窃、黄赌毒警情总量、涉赌有下降。盗窃汽车、涉黄、涉毒有上升。

番禺：治安警情总量、黄赌毒警情总量、涉赌、涉毒有下降，飞车抢夺、盗窃警情总量、涉黄、盗窃汽车、公共场所盗窃都有上升，后两项上升幅度较大。

黄埔：治安警情总量下降幅度较大，盗窃警情总量、公共场所盗窃、黄赌毒警情总量、涉赌有下降，涉黄、涉毒有上升。

萝岗：治安警情有较大降幅，盗窃警情总量、公共场所盗窃、黄赌毒警情总量、涉赌有下降，涉黄、涉毒有上升。

花都：治安警情总量、盗窃警情总量、公共场所盗窃、黄赌毒警情总量、涉赌有下降，涉黄、涉毒、盗窃汽车有上升，盗窃汽车上升幅度较大。

南沙：治安警情总量、盗窃警情总量、黄赌毒警情总量、涉黄、涉赌、涉毒都有下降，公共场所盗窃上升较大。

从化：治安警情总量、盗窃警情总量降幅较大，公共场所盗窃、黄赌毒警情总量、涉赌有下降，盗窃汽车有较大升幅，涉黄、涉毒也有上升。

增城：治安警情总量、盗窃警情总量、公共场所盗窃、黄赌毒警情总量、涉赌有下降，涉黄、涉毒有上升。

表5　2014年上半年广州市各年区（县级市）各类案件警情数上升、下降情况

	越秀	荔湾	海珠	白云	天河	番禺	黄埔	萝岗	花都	南沙	从化	增城
治安警情总量	↓大	↓大	↓大	↓	↓大	↓	↓大	↓大	↓	↓	↓大	↓
飞车抢夺警情	↑	↑				↑						
盗窃警情总量	↑	↓	↓大	↑	↓大	↑	↓	↓	↓	↓	↓大	↓
入室盗窃警情		↑										
盗窃汽车警情				↑		↑大			↑大		↑大	
公共场所盗窃警情	↑大	↓	↓	↓		↑大	↓	↓	↓	↑大	↓	↓

续上表

	越秀	荔湾	海珠	白云	天河	番禺	黄埔	萝岗	花都	南沙	从化	增城
黄赌毒警情总量	↑	↓	↓	↓	↓	↓	↓	↓	↓	↓	↓	↓
涉黄警情	↑	↑	↑	↑	↓	↓	↓	↓	↓	↓	↓	↓
涉赌警情	↓	↓	↑	↓	↓	↓	↓	↓	↓	↓	↓	↓
涉毒警情	↑	↓	↓	↓	↓	↓	↑	↓	↓	↓	↑	↓

资料来源：广州市治安指挥中心提供。

6. 主要治安政策措施评价

（1）禁摩。摩托车的问世已有 100 多年的历史，方便快捷和经济实惠的摩托车在带来巨大经济效益的同时，也带来了日益突出的交通事故、社会治安、环境污染等问题。随着广州城市化进程的加快，为了尽快树立国际化大都市的形象和成功举办 2010 年亚运会，广州市政府对摩托车的发展政策经历了从限制到禁止的过程。

广州市从 1991 年开始限制摩托车上牌，2004 年 5 月 1 日起扩大市区"限摩"范围，到 2007 年 1 月 1 日起市区全面"禁摩"，整个过程历时 15 年。自 2007 年 1 月推行"禁摩"政策以来，以摩托车为工具的违法犯罪活动大为降低，社会治安形势得到了较大改善。

（2）治安视频。为加强社会治安视频监控系统建设工作，2006 年广州市成立广州市社会治安视频监控系统建设领导小组，其主要职责是确立全市社会治安视频监控系统建设的方针、政策，审定系统建设的重大决策。

广州市社会治安视频监控系统建设从 2006 年启动，基础建设得到不断的拓展，全市已安装治安视频摄像头近 40 万个，全面覆盖了"从城中村到火车站，从学校到公交车，从城市主干道到大街小巷"等主要公共场所和主要路段。全市共建成具备人像采集和比对查控等功能的治安卡口系统 641 套，实现了"一点布控、全网响应"。视频监控系统在广州市社会面治安整体防控、大型安保指挥、反恐应急处置、打击破案等警务工作中扮演着不可或缺的角色。

（3）群防群治。为了加强治安工作，广州市把直接从事社会面、社区（村）、企事业单位内部、物业管理区域内治安防范、巡逻守护、秩序维护的辅警、治安员、保安员、治保联防队员、物业公司守护员等队伍整合到群防群治队伍中,形成了新的群防群治局面。

通过开展群防群治工作,可以加强对群众自治自防行为的管理,有助于依法办事,更好地发挥群众在维护社会治安秩序中的作用。可以促进各项防范措施的落实,群防群治工作使专门机关和群众之间在共同关心的治安问题上形成了固定的联系形式,有利于发现治安问题和案件线索,及时准确地处置各类社会治安问题。

(4) 居住证。2009年7月,广东省第十一届人民代表大会常务委员会第十二次会议把《广东省流动人员管理条例》修订为《广东省流动人口服务管理条例》,并于2010年1月1日施行,广州市居住证制度开始取代暂住证制度。到2014年6月,广州市共办理居住证1003.38万张,其中发放934.27万张,中止(超过有效期)55.22万张。

使用居住证可以降低对外来人口的歧视,集成居住证持有人的信息、证明持有人身份等功能,并能给予相应的权利保障,体现便民的理念。如广州居住证持有人在同一居住地连续居住并依法缴纳社会保险费满五年、有稳定职业、符合计划生育政策的,其子女接受教育与常住户口学生同等对待。广州居住证持有人在同一居住地连续居住并依法缴纳社会保险费满7年、有稳定职业、符合计划生育政策的,依法纳税并无获罪纪录的,可以申请常住户口。随着将来居住证功能的扩大,将成为流动人口服务和管理的重要载体,提高流动人口管理效率,对社会治安有积极的作用。

(二) 问题

1. 案件数量还是比较多

现在广州市刑事治安警情平均每天有1000件左右,年均35万~40万件。单从数字上讲,还是比较多的,这是判断广州市治安形势绕不过的坎,不管人民群众的安全感达到何种程度,都必须正视这一数据。

2. 恶性事件还时有发生

由于全国整体还处于社会矛盾凸显期,广东仍是外来人口的主要目的地,广州市每年还会发生较多的恶性事件,对人们的安全心理会产生极大的冲击作用。要促使治安形势真正好转,群众安全感普遍提升,首先要控制恶性事件发生,争取最大限度地降低恶性事件发生频率。

3. 产生治安案件的土壤短时间难以根本转变

引发社会治安事件的各种经济社会矛盾是几十年不断积累而成的,治安案件多发的土壤一旦形成，不容易根治解决。例如城乡差别、收入差距、大量外来务工人员无法完全享受均等化公共服务、不同体制员工同工不同酬、缺乏全国统一的征信系统、农村土地改革不彻底等，这些问题需要长期有针对性的政策措施才能加以化解，短时间难以整治彻底。

4. 防控政策效率有待提高

为了防控治安事件，长期以来，广州市采取了许多政策措施，但由于经费、认识等原因，治安防控政策措施还不是很完善，如治安综治力量不足、视频监控和道路卡口建设滞后等，人力和装备建设有待加强。

到目前为止，广州市治安防控措施有很多，在现实中也起到了积极的作用，没有这些防控措施，广州市治安形势将难以想象。然而，许多政策措施的效率不是很高，或者没有完全发挥其作用。比如正在广东省实施的居住证制度，就没有完全发挥其作用，居住证制度许多应有的或者需要有的功能没有被挖掘出来，限制了居住证在治安防控中的作用。还有就是广州的限摩政策，对利用摩托车抢劫起了极大的消除作用，但是中心城区限制了摩托车，这些摩托车转移到了城郊结合部，而这些地区对摩托车的限制难度非常大，大量摩托车出没这些地区，城区治安案件就部分地转移到的城郊结合部。从总体上说，限摩政策的作用在一定程度上就打了折扣。以上仅以两个政策来说明防控政策效率有待提高的问题，现实中的许多政策都有提高效率的问题。

（三）评估

1. 评估原则

对社会治安进行评价有一个不断演化过程，早期的评价往往是用治安案件发案数量的增减变化来衡量一个社会治安状况的好坏，把治安秩序好坏等同于治安案件的增减变化，认为治安案件上升了，社会治安秩序就变坏了，治安案件数下降了社会治安秩序就好转了。

事实上，治安状况的发展变化与治安案件并非是单纯的正比例关系，治安状况是由对治安秩序起破坏的破坏因素与控制社会治安秩序稳定的控制因素相互作用构成的动态平衡状态。

治安状况评价还应从客观现象与主观感受两个方面进行综合评估，仅靠客观社会指标是不足以描述和解释社会生活现象的状态的，客观治安现象是认识和把握治安状况的基本依据，但并不是治安状况的全部。治安状况既是一种客观现象，同时又是一种主观感受。只有将反映治安秩序的控制力与破坏力等客观指标与反映公众安全感状况的主观指标紧密结合，互相印证，才能科学评估治安状况。

2. 评价

对社会治安状况进行评价，首先要从治安案件数量着手进行，这是社会治安形势中的客观存在、社会治安形势的基础。

但从治安案件数量来评价社会治安状况的好坏仅看案件数也具有片面性，单个数字只有比较才能展现出所反映的问题。比较一般分纵向和横向两种方法。纵向比较也就是自己与自己在历史维度上进行比较，横向比较就是与相关参照物比较。从数量上评价广州市治安状况好坏，纵向比较就是今天的治安案件数量与历史上治安案件数量进行比较，横向比较就是同国内有关城市如北京、天津、上海、深圳等城市进行比较。纵向比较既可以了解现在的治安案件比以前是多了，还是少了，还可以了解案件数量变动速率。

（1）客观评价。从调查所知，近几年，特别是亚运会以后，虽然广州市刑事治安警情平均每天有1000件左右，年均35万~40万件，但是增加量较小，处于平稳状况，治安形势处于可控状态，没有出现恶化现象。

与其他城市相比，广州的治安形势也并不是很差。

（2）主观评价。根据广州市政法委和广州市公安局委托的中山大学城市社会研究中心对广州市公众安全感与治安满意度追踪调查，9成以上市民在目前社会环境下感觉安全，总体安全感为"较安全"（见图5）。

从调查看，广州市民感觉安全的受访者比例都在90%以上，其中2008年和2010年两年最高。因为2008年是北京奥运会，2010年是广州亚运会，这两年为了保证这些重大赛事的顺利进行，在治安方面采取了许多特殊政策，治安形势特别好，市民安全感自然较高。特殊治安措施随着重大赛事的结束而结束，高压下的治安案件随之抬头，市民安全感随之降低，因此有2009年、2011年、2012年、2013年安全感走低，但是，这种走低都是在较高安全感基础上的走低，2008—2013年安全感都在90%以上，因此，广州市民大多数认为广州是较为安全的。

从图6来看，广州市除2009年外，社会治安满意率在90%以上，特别是2011年以来，满意率处于上升趋势，表明大部分市民对治安感到比较满意。

此外，在中央综治委四年一度的评选表彰中，广州市连续三次被评为优秀市，荣获全国综治工作最高荣誉"长安杯"。

总的来说，广州市近些年治安案件虽然还比较多，但治安形势总体比较平

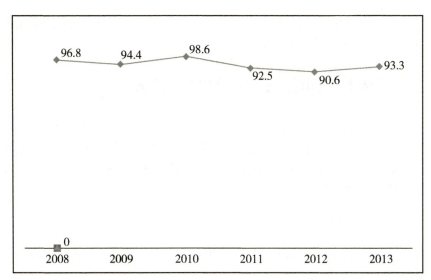

图5　2008—2013年感觉安全的受访者比例（单位：%）

资料来源：中山大学城市社会研究中心《2013年广州市公众安全感与治安满意度调查报告》（2014）。

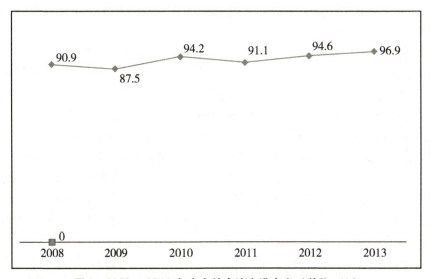

图6　2008—2013年全市社会治安满意率（单位：%）

资料来源：中山大学城市社会研究中心《2013年广州市公众安全感与治安满意度调查报告》（2014）。

稳,没有进一步恶化下去,处于可控状态。广大市民对广州的安全感还是比较高的,治安满意度则有一定的起伏。

二、影响广州市治安形势的主要因素

一个城市或地区的社会治安情况受到多种社会经济因素的影响。这些因素也处于不断发展的动态过程当中,有些新的社会因素会有利于社会治安的好转,而另外一些新的因素则可能不利于社会治安。为此,因势利导应该建立在对社会经济因素的准确把握之上。

(一)人口因素

人是各种社会活动的主体,一个城市或地区的人口情况对其社会治安情况起到决定性的作用。

广州市的人口主要特点是人口数量大,人口密度高,尤其是外来人口比例非常高。2013 年末户籍人口 832.31 万人,而全市共登记在册来穗人员 686.7 万人(2014 年 6 月已经超过 700 万人)。根据来穗局的抽样调查显示,来穗人员登记率为 78%,初步估算广州市外来人员总数在 837 万人左右,与户籍人口数量不相上下。

外来人口数量大、比例高必然给社会治安带来影响。外来人口中违法犯罪率比较高,这一现象目前在全国各大城市都普遍存在,而且外来人口中轻微的违法乱纪现象也较严重、普遍。由于目前的外来人口中以农村人口为主,他们来自农村,文化素质大多不高,法制观念、集体观念、纪律观念较淡薄,很容易自觉不自觉地违反城市有关法律规章制度。如不遵守交通规则,随意摆摊设点,等等。这些行为也在一定程度上扰乱了社会治安秩序,影响了城市正常的治安环境。

近年来出现的外来人口的聚集居住方式会滋生出一些新的社会治安问题。由于各种原因,近年来一些外来人口在广州形成了聚集居住的同乡村,如湖南村、河南村、广西村,等等。这种情况更容易造成群体性冲突,也容易形成类似黑社会性质的犯罪团伙,增加了社会治安管理的难度。

另外,广州市还有一个不同于其他一线城市的人口特点,就是常驻的外国人较多,且非裔占广州外籍流动人口的比例较高。"三非"外籍人员问题较为突出,一些涉及刑事犯罪,其中非洲籍人员所占比例较高。除刑事犯罪外,非籍人员聚众闹事引发骚乱事件也时有发生。这种情况无疑对广州的社会治安造成影响。

（二）经济发展因素

一个城市的经济发展状况——尤其是产业结构——决定了这个城市会吸引一些什么人，决定了其外来人口的结构。而如上所述，人口结构则直接关系到城市的社会治安状况。

广州的产业结构由于历史原因和路径依靠，低端制造业所在比重一直比较高，如服装加工、箱包制造等。

这种产业结构特点决定了对低端劳动力的大量需求，必然使大量的低端劳动者汇集到广州。因此，广州的外来人口大多文化素质较低，来自农村的多，来自城市的少。根据2012年的调查数据，外来人口中大专及大专以上学历的只占10.2%。具有城镇籍的只占16%，农村户籍的占84%。低端产业吸纳低端外来人口，低端外来人口导致较多的社会治安问题，这就是经济结构影响社会治安的内在逻辑。

不过，随着经济调结构的深化，广州市的产业结构也在逐渐发生改变，第三产业的比重不断提高，2013年广州市第一、二、三次产业增加值的比例为1.48∶33.90∶64.62，和5年前相比，第三次产业占比提高了3.72个百分点，第二产业的比重下降了3.3个百分点。而第二产业中的高科技产业比重也在不断提高，一些世界500强企业陆续落户广州。

随着广州市产业结构的改善，外来人员的结构也相应地出现了一些积极的变化，如外来人员的教育程度也有所提高。对广州的社会治安来讲，这是一个有利的因素。

（三）社会心态因素

社会心态也是影响一个地区或城市的社会治安状况的重要因素之一。收入差距扩大、机会不均等、竞争日趋激烈等都会影响人们的心态，造成心理压力和焦虑，积聚社会不满情绪。这些负面的社会心态也会诱发一些社会治安问题。

例如，过大的心理压力造成人们的焦虑，导致精神病发病率增高，精神病人伤人事件时有发生。如2015年8月21日发生在天河区导致8名民众被砍伤的事件中，伤人者就曾有精神病史。

收入差距加大会使一些人心理失衡。由于各种经济、社会原因，中国的贫富差距仍在持续扩大，广州有全国顶级的富人，也有穷人。与此同时，物价尤其是房价的快速、大幅度的上涨导致一些低收入者感到自己的前途渺茫，丧失希望。

当一个人看不到自己奋斗目标的时候就容易自暴自弃，容易出现损人不利己的所谓报复社会的行为，这类行为往往会造成恶性治安事件。如2015年7月15日晚上，发生在301路公交车的纵火案就属于这一类。

收入差距的扩大和物价的上涨也使一些人的心态变得浮躁，他们希望找到致富的捷径，希望快速致富。脚踏实地的工作无法使他们达到快速致富的目的，一些人于是走上了非法牟利的邪路，如进行盗窃、赌博、抢劫抢夺、电话诈骗等非法活动，这也导致社会治安问题。

当然，目前也有一些使社会心态得以改善的因素，如从中央到地方都加大了反腐力度，加强了政府机关作风建设，调整国企管理人员过高的收入等，这些措施都在一定程度上促进了社会公平，可以起到降低人们的不满情绪的作用。另外，随着社会保障水平和覆盖面的不断扩大，市民的安全感也将有所增加，有利于人们保持良好的心态。同时，广州市政府通过购买服务等方式使公共服务水平逐步提高，如通过社区的社会工作服务，可以尽早化解社区的各种矛盾，避免其演变为严重冲突，这些都无疑对改善社会治安具有积极作用。

（四）国际政治因素

广州作为国际大都市，国际政治形势的变化必然也会对广州的社会治安情况产生影响。近年来国际上与民族分裂势力和宗教极端主义等"三股势力"相关的恐怖主义活动十分频繁，这对我国国内的恐怖主义活动也形成影响，尤其近期国内"暴恐"活动尤为猖獗。广州作为国内的第三大城市和在国际上有一定影响的国际城市，必然成为恐怖分子制造恐怖事件的选择目标之一，如2014年5月6日发生在广州火车站暴力袭击事件造成6名旅客受伤。今年广州市公安系统抓获的与恐怖活动有关的人员已有180多人。

恐怖活动形成的社会原因复杂，短时间内无法根除，它对社会治安的影响将是长期的。

（五）治安防控能力

治安防控能力的强弱直接关系到社会治安状况。及时、有效地处理各种治安事件会给有意违法犯罪者造成心理威慑，使其不敢肆意妄为，必然会使社会治安状况更好。

治安防控能力受多种有关因素的影响，如警力是否充足、公安队伍及相关人员素质、经费是否充足、装备是否先进（武器、交通工具等）、设施是否完备

(摄像监控、岗亭、卡口等)、管理体制是否合理,等等。

由于编制等限制,警力不足是长期影响广州市治安防控能力的因素之一,即使把各区的辅警计算在内,广州市每万人配置的警察数量与发达国家相比仍有较大的差距。况且,警力合理的配置标准不能只考虑的人口的数量,还应考虑到人口的结构以及相应的人口素质。在外来人口占比较大、教育程度普遍较低的情况下,理应配置更高比例的警力。

三、超大城市治安总趋势

社会治安是城市发展的重要因素,良好的社会治安为城市发展提供有力支撑。随着经济社会的不断发展,各大城市社会治安也呈现出不同的发展态势。"北上广"作为超大城市的代表,在不同时期也呈现出不同的治安状况。虽然各有特点,但一线城市治安形势仍呈大同小异的格局,相比而言,广州治安形势并不比北京、上海严重许多,但北京、上海的一些经验对我们更好地了解和改善广州治安形势仍具借鉴意义。

(一)北京、上海和广州治安形势比较

社会治安状况是一个复杂的社会事实,加上研究目的、研究立场等主观因素的差异,国内外在构建反映社会治安状况指标时,会存在一些不同。为了能较好地比较分析这些大城市的社会治安状况,我们参考国内外社会治安评价体系主要指标做法,并参照广州社会治安主要指标统计,将从刑事案件、治安案件、灾害事故案件等方面对各大城市社会治安状况进行比较分析,以期对探讨社会治安形势与发展有所裨益。

1. 刑事案件比较

(1)刑事案件数量。刑事案件的对象是违法情节比较严重的犯罪行为。其数量通常能反映出一个城市所面临的犯罪形势,也在一定程度上反映出该城市对犯罪行为的震慑力度。通常采用总量指标和(万)人均指标来评价这一客观情况。下面采用2005—2012年刑事案件数据来比较北京、上海和广州所面临的犯罪形势。

从刑事案件立案数来看,广州的刑事案件立案数最低。广州从2006年起至2011年,每年刑事案件立案数尚未突破10万起,其中2010年立案数最少,这与广州"平安亚运"加强社会治安综合治理等因素紧密相关。而在2012年广州力推如实立案开始，刑事案件立案数突破 10 万起，比 2011 年增加了一倍。相比广州，北京刑事案件恰好除 2008 年和 2009 年刑事案件立案数未突破 10 万起之外，2005—2007 年以及 2010—2012 年每年立案数在 10 万之上，尤其是 2012 年接近 15 万起。这与 2008 年北京举办奥运会实施的"平安奥运"相关工作密不可分。与广州和北京相比，上海从 2005—2012 年每年刑事案件立案数都在 10 万起以上，其中立案数最少一年为 2010 年，这与上海这年举办世博会所进行的专项整治等工作息息相关。值得注意的是，自 2010 年开始，3 个城市的刑事案件处于上升趋势。

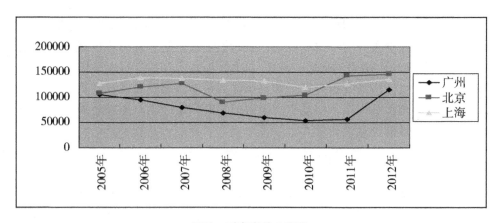

图7 刑事案件立案数

从每万人刑事案件发案数来看，整体上来看，广州低于上海和北京。但是，2012 年广州推行如实立案，该数据达到 90，则远远超过上海和北京。每万人刑事案件发案数的发展趋势与总案数的去向总体上是吻合的：广州每万人刑事案件发案数从 2008—2011 年间趋于下降，2012 年直线上升；北京和上海每万人刑事案件发案数从 2008—2010 年间稳中有降，2010—2012 年间趋于上升。北京在 2008 年的万人均发案数为最低值，约 53 起/万人。广州在 2010 年约为 42 起/万人，是最低值。上海在 2010 年该值为最低，约 52 起/万人。

综上所述，广州和北京、上海的刑事案件立案数和万人均发案数在这几年发展变化中，都出现了各自最低值所处的年份正好遇上举办重大活动情形，一定程度上提示了刑事案件数量变化与当年举办重大活动有关。北京刑事案件立案数最少的一年为 2008 年，同时万人均发案数也是最小值，这一年北京成功举办了

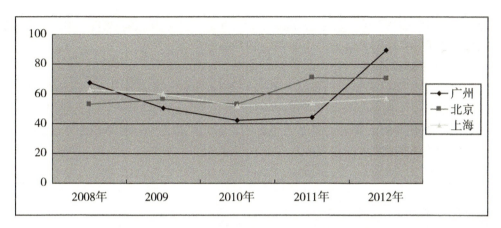

图 8　刑事案件万人均发案数

奥运会。上海刑事案件立案数最少的一年为 2010 年，同时万人均发案数也是最小值，这一年上海也成功举办了世博会。与北京和上海类似，广州于 2010 年成功举办了亚运会，这一年广州刑事案件立案数和万人均发案数都为最低。

（2）刑事案件类型。全国刑事案件主要类型是盗窃、诈骗、抢劫和伤害类案件较多，在刑事案件立案总数中占的比值也相应较大。其中，2012 年盗窃案件数量比 2011 年增长 2.5 万起，增长率为 0.6%，诈骗案件 2012 年为 55.6 万起，同比增长 14.6%。广州、北京和上海刑事案件类型与全国发展趋势相似。

北京的刑事案件主要类型包括：诈骗、盗窃、抢劫和抢夺等。2013 年上半年北京发生的刑事案件中，侵财案件占发案总量的 75.5%。其中，诈骗案件立案 1.0 万起，占侵财案件总量的 22.2%。入室盗窃、入室抢劫共立案 9222 起，占侵财案件总量的 20.1%；扒窃案件立案 7289 起，占侵财案件总量的 15.9%；全市抢劫、抢夺案共立案 1581 起，占侵财案件总量的 3.5%；全市共立盗窃汽车案件 364 起，占侵财案件总量的 0.8%。

上海的刑事案件主要类型包括：诈骗、盗窃、伤害和抢劫等。上海诈骗犯罪立案数量呈现出较快增长的态势。相比 2000 年，2012 年诈骗案件立案数量增至近 1.8 万起，是 2000 年的两倍。盗窃案件立案总数量很大，一般都超过 7 万起，占当年刑事案件立案总数的比值也是最大的。在严重危及人身安全的犯罪中，伤害和抢劫犯罪较为凸显。2012 年伤害罪的立案数量已经接近 0.3 万。

与北京和上海相比较，广州的主要刑事案件类型基本上相同。在所立案的刑事案件中，抢劫、抢夺和盗窃案件均有增多。例如，2012 年立抢劫案件 4000

起、抢夺案件 5192 起、入屋盗窃案件 21816 起、盗窃机动车案件 10072 起,同比分别上升 16.7%、1.1 倍、1.4 倍、99.4%。

2. 治安案件比较

(1) 治安案件数量。治安案件在社会整体治安控制领域中处于基础性地位。广州和北京、上海的治安案件数量一定程度上呈现出不同的社会治安形势。通过对目前所能获悉的治安案件数据进行比较,我们可以看出广州和北京、上海的社会治安存在不同之处。

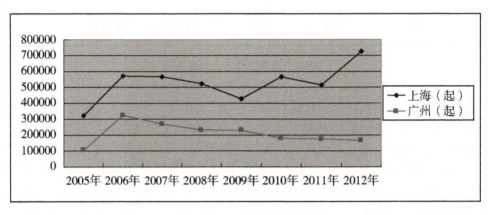

图 9 广州和上海治安案件数量

上海治安案件数量。从治安案件的总数量来看,上海治安案件的查处数量从 2005 年开始,持续每年超过 30 万。相比较 2005 年约 30 万起的治安案件数量,2006 年治安案件增幅很大,接近 60 万起,这在一定程度上也表明当年的社会治安状况矛盾突出,问题更为凸显。社会矛盾突出,治安问题频发的状态持续了几年,虽然之后案件数量略有减少,2009 年治安案件数量下降幅度相对较大,提示了当年警务力量的科学投入,社会治安治理成绩较明显。可是这样的趋势到了 2010 年又发生了变化,2010 年治安案件数量又出现较大幅度上升。而 2011 年又处于下降中。从总体来看,上海治安案件从 2006 年开始至 2009 年呈下降态势。但是从 2010 年开始又出现有升有降态势,而且之后每年均超过 50 万起,2012 年更是超过 70 万起,增幅较大,一定程度上提示了上海多年的治安形势虽然大体上稳定,却是处于一个形势较为复杂的基础上的稳定。

北京治安案件数量。从目前能获悉的北京治安案件数据来看,北京治安案件

社会文化篇

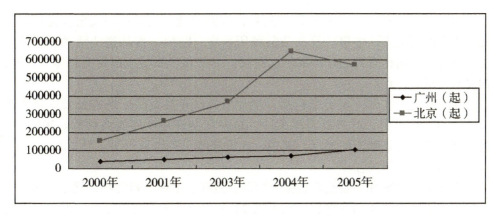

图 10　广州和北京治安案件数量

的查处数据横跨 6 个年度，但目前缺失 2002 年数据，因此，从能统计到的这 5 年数据来看，北京这 5 年治安案件数量每年都超过了 15 万。2005 年比 2000 年增加约 40 万起，是 2000 年的 3 倍多。相比起北京，广州在 21 世纪初的 5 年中，治安案件数量较为平稳，除 2005 年之外每年均未超过 10 万起。但是，北京近来加强社会治安综合治理，治安案件数量有所控制。在 2013 年 1 月至 6 月之间，北京共受理治安案件 16.3 万起，比 2012 年同期下降 7.7%；查处治安案件 15.9 万起，比 2012 年同期下降 8.6%；处理违法人员 17.1 万人，比 2012 年同期下降 6.7%。[①] 这种良好态势持续发展，到了 2014 年 1 月至 6 月，北京共受理治安案件 15.5 万起，比 2013 年同期下降了 5.1%；查处治安案件 15.2 万起，比 2013 年同期下降了 5%。[②] 北京治安案件数量正在呈现不断下降的态势。

广州治安案件数量。从治安案件的总数量来看，广州治安案件每年查处数从 2000 年开始至 2004 年均未超过 10 万起。从 2005 年开始均超过 10 万起，治安案件数量增幅最大的是 2006 年，超过了 30 万起，是 2005 年的 3 倍。这种数量的增长，一定程度上体现出当年社会治安状况矛盾相对凸显，问题相对比较突出，对经济社会的发展带来一定影响。2007 年广州加大社会治安整治力度，实施"禁摩令"，这一年的社会治安案件数量减少幅度相对较大。之后广州治安案件数量都在较为平稳地持续减少，提示了广州社会治安状况逐渐改善的态势。

---

① "北京首次公布治安地图曝光 19 处案件高发地区"，载《北京日报》，2013 年 7 月 10 日。
② "北京公安通报上半年治安立案数量 13 年来最低"，人民网，2014 年 7 月 12 日。

(2) 治安案件类型。根据统计资料，全国受理和查处的治安案件类型，主要集中在殴打他人、盗窃、扰乱公共场所秩序、赌博、毒品违法活动、故意伤害、违反房屋出租管理和诈骗案件。北京、上海和广州与全国情况总体上相同，但又有自己的特点。

北京市治安案件主要类型包括：扰乱公共秩序类案件，妨害公共安全类案件，侵犯人身权利、财产权利类案件，妨害社会管理秩序类案件等。2013 年，这些案件成为北京整治的重点，其中，涉黄涉赌、盗销自行车、黑车非法运营、医院号贩子等值得关注。①

上海市治安案件主要类型包括：骗取、抢夺、敲诈勒索财物，扰乱工作、公共秩序等。殴打他人的案件数量在上海 2006—2011 年查处的各类案件中，稳定地占据第一名。案件发生频率高相对而言就更需要加强打击的力度。到 2012 年，骗取、抢夺、敲诈勒索财物案件数量增长快，同比增长 81.6%，在 2012 年查处治安案件总数中跃升第一位，这种案件类型发展势头值得关注。

广州受理案件类有效警情持续下降，广州治安持续好转。2012 年，广州受理案件类有效警情同比下降 4.3%，其中治安有效警情同比下降 4.3%。2013 年，广州刑事治安案件类警情同比下降 8.1%。2014 年 1 月至 6 月广州案件警情总体保持下降态势，案件类警情同比下降 12.6%。其中，治安警情同比下降 18.2%。广州治安案件主要类型包括骗取、盗窃等。

3. 灾害事故案件比较

（1）交通事故。随着我国逐渐步入耐用消费品时代，我国各个城市人口不断聚集，出行需求不断增加，汽车保有量不断增大，道路通行压力持续加大，交通安全状况已经成为影响社会治安的重要因素。下面用交通事故件数和交通事故死伤人数两个指标来比较北京、上海和广州的交通安全问题。

从交通事故件数来看，2007—2012 年北京、上海和广州总体上处于下降趋势，上海的交通事故发生的件数长期低于北京和广州两个城市。但各个城市又有自己的特点。

北京交通事故发生数量从 2007 年到 2012 年每年数量来看，其数据并没有明显体现出逐年递减趋势。但是，相比其他年度下降幅度，2008 年交通事故发生数减少幅度较大。2008 年北京举办奥运会，来北京的观光旅游的人等都很多，在相对复杂的交通状况下，能将交通事故控制好，并将事故数减少，一定程度上

---

① "北京首次公布治安地图曝光 19 处案件高发地区"，载《北京日报》，2013 年 7 月 10 日。

体现出北京交通安全措施的相对得力之处。北京交通事故发生数量呈小幅波动，到了2010年又略有上升，虽然2011年和2012又呈下降态势，但是相比较广州和上海，总数量仍然较大。

上海交通事故发生数量在这3个城市中是最少的，相对处于低位运行。上海交通事故的发生数虽有小幅波动，除了在2009年、2012年有小幅上涨外，则基本上呈现递减的态势。一定程度上提示了人们出行的安全系数越来越高，交通给人的安全感增强，交通安全状况较以往有了改善。

广州交通事故的发生数呈现明显的持续递减态势。从2007年到2012年发生的交通事故次数中，2007年数量最大，超过0.6万起，之后逐年递减。2012年交通事故发生数低于0.3万起，不到2007年的一半，也接近一直处于低位运行的上海交通事故发生数量。相比北京，广州从2010年开始，交通事故发生数量低于北京。一定程度上提示了广州交通安全状况在不断改善。

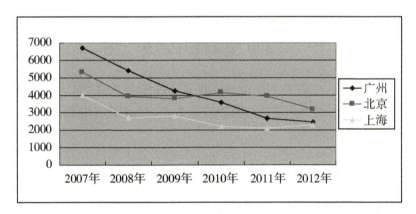

图11　交通事故件数

从交通事故死伤人数来看，2007—2012年广州和上海一直处于下降趋势，北京2010年、2011年不减反增；上海在三个城市中交通伤亡人数是最少的。虽然北京交管部门重点对酒后驾车、涉牌涉证等违法行为和老年代步车、大货车、渣土车等重点车种，开展分区域、分重点交通秩序整治，中心区禁限车种明显减少，工作日早晚高峰车流量同比下降①，但是，北京交通事故所造成的人员伤亡

---

① "北京公安通报上半年治安立案数量13年来最低"，人民网，2014年7月12日。

情况在与上海相比较中仍然不容乐观。广州交通事故中的死伤人数呈现明显的逐年递减态势。其中，2012 年交通事故死伤人数下降至 0.4 万以下，相比 2007 年 0.8 万以上的数量，2012 年不到 2007 年死伤人数的一半。

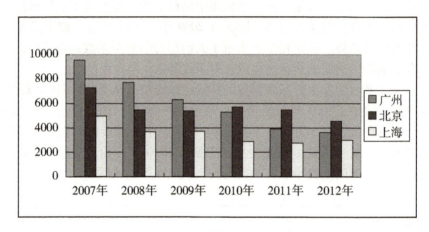

图 12　交通事故死伤人数

（2）消防事故。消防安全是城市公共安全的重要组成部分，其直接影响到城市秩序的稳定与否。下面用消防事故件数和伤亡人数两个指标来比较北京、上海和广州的消防安全。

2007—2012 年期间，北京、上海和广州的消防事故件数呈现不同的发展特征。第一，北京消防事故发生数量呈逐年递减态势。但是，与上海相比，北京 2007 年和 2008 年消防事故发生数量呈高位运行状态。从 2009 年开始，北京消防事故与上海不断增长的情况相反，而且发生数量逐年低于上海。第二，上海消防事故发生数量反复波动。2008 年比起 2007 年发生数量刚刚稍有减少，2009 年却又以较大幅度增加；2010 年比 2009 年发生数量减少，2011 年却又略有增加。这在一定程度上提示了上海消防工作依然不容乐观。第三，广州消防事故相对比较平稳，没有出现大起大落的现象。而且，从消防事故所发生的数量来看，广州在这三个城市中，消防事故发生数量最少，每年均低于 0.2 万件。

从消防事故伤亡人数来看，上海一直高居榜首。上海消防事故死伤人数在 2008 年至 2010 年间每年均超过 100 人，而且没有出现死伤人数低于 50 人的状况。一定程度上揭示出上海公安消防工作及市民防灾意识的不足。

北京消防事故所造成的人员伤亡数量虽然每年均在 100 人以下，但是没有呈

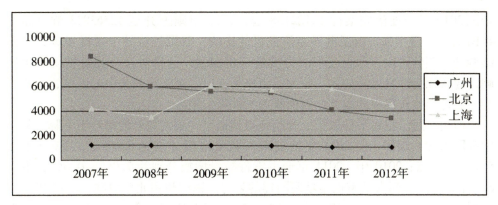

图 13 消防事故件数

现出下降态势。其中，2008 年、2010 年和 2011 年死伤人数均在 50 人以下，但是 2012 年死伤人数又比 2011 年增加了。

相比北京和上海，广州消防事故中死伤人数为最少，每年均在 50 人以下，而且呈逐渐递减态势。消防安全与人们的生命财产安全紧密相连，需要我们予以高度重视，认真谨慎对待，做好消防安全工作，进一步维护社会治安。

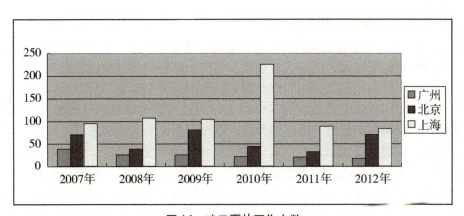

图 14 消防事故死伤人数

（二）超大城市治安发展趋势

1. 违法犯罪案件总体数量呈上升趋势，但增幅得到控制

违法犯罪案件总体数量呈上升趋势。从全国范围内看，这种趋势比较明显。

全国2010年查处治安案件12122138起，2011年则上升至12563823起，净增441685起。近年来，由于世界经济危机的影响，我国经济处于缓慢复苏，经济结构处于调整阶段，深化改革的力度进一步加强，这将对社会利益格局产生影响，导致社会冲突风险加大。超大城市作为人口、经济比较集中的区域，也是社会矛盾冲突比较集中的地方，因而成为案件高发地区。

但是，违法犯罪案件数量上升趋势得到遏制，案发数量增幅趋于下降。从全国范围来看，2010年、2011年治安案件数量增幅分别为8.6%、3.2%，下降5.4个百分点；2010年、2011年刑事案件数量增幅分别为7.0%、0.6%，下降6.4个百分点。超大城市也是呈现同样的趋势。以广州和北京为例，2013年，广州刑事治安案件类警情同比下降8.1%。2014年1月至6月广州案件警情总体保持下降态势，案件类警情同比下降12.6%。北京在2014年1月至6月，也出现刑事、秩序警情同比明显下降趋势。"110"共接到刑事类警情39602件，秩序类警情10566件，同比分别下降了10.5%和34.2%；共受理、查处治安案件15.5万起和15.2万起，同比分别下降了5.1%和5%。其原因主要包括：城市综合治理水平不断提高，危机预警和应急机制逐渐完善，人口、产业空间布局趋于合理化；警察处理违法犯罪能力和效率快速提高，形成对违法犯罪行为的有效震慑；等等。

2. 流动人口违法犯罪日益凸显

（1）流动人口违法犯罪数量呈增加趋势。随着现代化、城市化进程的推进，流动人口规模越来越大，流动人口数量、流向、结构及其利益诉求都在发生深刻变化。持续高发的流动人口犯罪给全国的社会治安带来压力。流动人口犯罪比例已经占到了全国各地犯罪总数的70%以上，而且流动人口犯罪呈现出高犯罪率、高逮捕率和高羁押率状况。以广州为例，根据广州流动人员信息系统与公安信息系统比对，目前在穗流动人员中有15487名治安管理重点人员，有22.3万名无固定职业流动人员，还有相当数量来穗动机不纯的流动人员，这些治安管理重点对象分散在全市各地，为谋生计往往游走在违法犯罪的边缘，很容易走上违法犯罪道路。据统计，流动人员犯罪约占全市犯罪总量的86%，集中于暴力型和侵财型犯罪，故意伤害、故意杀人、绑架等犯罪中流动人员占85.88%，盗窃、抢劫、抢夺等犯罪中流动人员占80.7%。

（2）流动人口聚居区域是违法犯罪高发地区。流动人口聚居现象比较明显。广州流动人员集中居住在白云、番禺、天河、海珠等区的城乡结合部、"城中村"、农村地区。其中，居住10万名流动人员以上的街（镇）共16个，5万~

10万人的街（镇）共 31 个。在这些区域，制假售假、无照经营、抢劫、盗窃、诈骗等违法犯罪行为层出不穷。

流动人口聚居区域违法犯罪行为多，其原因在于：

一是人口流动信息申报管理机制不完善。出租登记人口信息未形成制度、用工单位不落实流动人员信息报送制度等造成流动人口信息不透明，导致流动人口监控缺乏效率。这为流窜违法犯罪分子提供了可乘之机。

二是出租屋监管不规范，出租信息不透明。据统计，广州全市登记在册的388 万套出租屋中，109 万套出租屋无法掌握出租屋主信息，登记率仅为71.5%；292 万套出租屋未办理房屋租赁登记备案，备案率仅为 23.6%。广州对"三打"以来涉案出租屋屋主进行责任倒查，其中有 10264 名出租屋主直接或间接参与违法犯罪活动、主动为违法犯罪活动提供便利或从中获取利益。出租信息不透明、违法成本低和处罚力度轻是导致出租屋成为违法犯罪场所的主要原因。

三是聚居的流动人口地缘关系密切。聚居的流动人口多为老乡关系，有的甚至是亲戚关系，在北京、上海、广州等城市形成"河南村""陕西村"等现象。群居关系与贫穷结合在一起，容易诱导违法犯罪行为发生。近年来因"老乡"情结导致结伙作案，有向黑社会性质组织演化的趋势。

（3）外国人违法犯罪现象不断增加。在全球经济一体化程度不断加深和中国经济国际化程度不断提高的背景下，在华外国公民迅速增加。在华外国公民集中在北京、上海和广州等国际化程度较高的城市。例如，2013 年，从广州口岸入境、出境的外国人达 526 万人次。近年来，外国人在华违法犯罪的数量直线上升，违法犯罪的行为包括违反公共秩序、贩毒、凶杀、窃取国家机密等。外国人违法犯罪的原因包括：不了解中国法律；关于外国移民的城市管理相对滞后，例如社会保障、教育等公共服务滞后于社会需求；等等。

3. 突发性群体事件增多

近年来，突发性群体事件明显增多。这类群体性事件具有不确定性，缺乏组织性，发生的时间和地点随机性强，因而无法预警。例如，上海 2012 年"3·23"宝山万达群体事件、广州"6·11"人敦村群体事件等都具有突发性。诱发这类事件的直接原因包括征地拆迁、城管执法、其他行政执法等。参与事件的主体大致可以分为两类：本地居民和流动人口。本地居民主导的群体性事件包括征地拆迁、社区利益受损等。这类居民具有共同的利益。当共同利益受到侵害时，他们容易形成共同的维权行为，多数演变成打砸等违法事件。

流动人口主导的突发性事件通常规模较大。这类事件通常有着较为复杂的原因。一方面,公共服务的歧视性待遇和非规范的行政执法导致流动人口的城市归属感弱、社会稳定"燃点"低。首先城乡二元管理体制使得流动人口难以享受城市公共服务。流动人口为城市建设付出了劳动,却不能享受城市的公共医疗服务、公共福利住房,子女也不能同等享受义务教育。导致流动人口对城市缺乏归属感。歧视性待遇所产生的怨气和不满具有累积性,积累到一定程度势必爆发。其次,行政执法存在不规范现象。行政执法人员滥用自由裁量权、歧视性执法等行为容易侵犯流动人口利益,激发不满情绪。一旦行政执法存在偏差现象,立即引发社会各界的指责。另一方面,流动人员的"抱团"现象越来越明显。在城乡结合部、"城中村"、农村地区往往出现本地人与外地人严重倒挂以及流动人员同业缘、同地缘聚居等现象(如出租车行业、环卫工人行业、加工制造行业、物流运输行业等)碰到问题容易"抱团",给维稳工作带来很大压力。

4. 恐怖主义风险增强

恐怖主义是我国城市公共安全面临的新挑战。20世纪80年代以来,我国恐怖活动主要发生在新疆、西藏等重点地区,一些大中城市的公共场所和交通工具上的暴力恐怖案件也时有发生。21世纪以来,城市恐怖主义成为国际恐怖主义的新特点。我国大城市开始成为恐怖分子注意的重点,因为在大城市发生恐怖活动,波及面广,影响大,容易引起政府和社会各界对恐怖分子要求的关注。

"三股势力"在超大城市的恐怖主义苗头不容忽视。我国的恐怖势力主要指"三股势力",即暴力恐怖势力、民族分裂势力和宗教极端势力。他们组织的活动主要发生在新疆,目的是将新疆从中国分裂出去。"东突"势力在新疆制造众多恐怖袭击。据不完全统计,自1990年至2001年,"东突"势力在新疆境内制造了至少200余起恐怖暴力事件,造成各民族群众、基层干部、宗教人士等162人丧生,440多人受伤。2009年"东突"势力在乌鲁木齐组织了"7·5"事件。为了进一步扩大影响,分裂恐怖势力在大城市制造了系列活动。如天安门"10·28"暴恐事件、昆明"3·1"恐怖事件等。

极端个人恐怖事件明显增多。由于感情、就业、生活等方面因素,一些思想极端的个人会铤而走险制造恐怖事件。上海"7·1"袭警事件、福建"3·23"南平实验小学惨案、广州"7·15"公交车纵火案等极端个人恐怖事件影响非常恶劣。在当前社会转型期,随着经济、社会结构调整,被社会边缘化的人具有增加趋势,这种现象在大城市特别明显。如果缺乏有效的社会疏解机制,他们极有可能制造一些极端事件,危害城市公共安全。

5. 违法犯罪新型化

随着科技进步和经济社会发展，各类新型违法犯罪现象层出不穷。违法犯罪行为的新型化主要表现在违法犯罪手段及内容方面：

（1）违法犯罪手段高科技化。互联网在极大地改变人们生活的同时，也为违法犯罪分子的不法行为提供了新的工具。2013年，全国网络违法犯罪明显呈现上升趋势。据统计，2013年第一季度，上海共受理网络违法犯罪案件860多起，同比增幅达到64.7%。有统计显示，各地公安机关查处的网络犯罪案件中的网络诈骗呈明显上升趋势。2013年，随着网络购物、网络通信、网络社区的进一步发展和流行，网络诈骗案件频繁发生。

网络诈骗之所以呈明显上升趋势，主要有两个原因：一是网络诈骗成本低，收益大，隐蔽性强，且不受地域范围限制；二是办案成本较高，取证难，维权亦难。从诈骗手法上看，常见的诈骗手法主要有网络购物诈骗、中奖诈骗、购车退税诈骗、信用卡消费诈骗、发布招工招生信息诈骗、投资返利诈骗、免息贷款诈骗，等等，其中网络购物诈骗发生率最高。

（2）违法犯罪内容不断创新。新生活、经营方式等成为违法犯罪的新内容。包括：以帮助网店提升信誉度为诱饵实施诈骗的案件，信用卡消费诈骗，金融诈骗等。某些犯罪呈现出城市特征。例如，北京医院号贩子违法犯罪值得关注。北京集聚着全国优质资源，就医人员数量不断增加，再加上倒卖号源利润高等因素影响，北京儿童医院、同仁医院等部分医院"号贩子"倒号更为活跃，警方将对此加大打击力度。

6. 侵财类违法犯罪案件高发

侵财类违法犯罪案件长期以来高位运行。21世纪以来，我国公安即便经过多次严厉打击盗抢事件，违法犯罪行为短期内有所遏制，但是反弹很快。在大城市，"两抢一盗"侵财违法犯罪案件一直处于高发态势，对社会治安危害较大。例如，2014年1月至6月，广州共受理盗窃警情92062起，日均超过510起，共受理入室盗窃警情20358起，日均超过110起；"两抢"警情6270起，日均近35起，其中比较突出的是，飞车抢夺警情、徒步抢夺警情、拦路抢劫警情、抢劫机动车警情和入屋抢劫警情，分别为2684起、2142起、638起、161起和120起；诈骗警情18749起，日均超过100起。造成侵财类违法犯罪案件高发的主要原因包括：大城市是财富相对集中的区域；大城市人口流动性大，有利于违法分子隐藏及流窜性违法犯罪；居民防盗措施不完善；等等。

四、改善广州市治安状况的基本思路和对策建议

广州治安从纵向、横向比较,都有好转的趋势,但城市化的阶段性和"不设防"一线城市的特点决定了广州治安犯罪案件仍处于高发状态。对此,既不要报"零发案率""零容忍"等不切实际的幻想,也不能无动于衷、无所作为,当然各种措施的出台最好都应建立在警情的掌握和数据的准确基础上,目前治安部门的数据不准、信息混乱值得警惕。

(一)针对重点防控对象和类型,严打与防控结合

针对当前处于经济转轨、社会转型时期的特点,以及广州城市地方特色,一方面,以压减警情为导向,紧紧抓住影响人民群众生命财产安全的突出问题,有针对性地组织开展专项打击整治行动,如多年开展的"红棉""剑锋""雷霆扫毒""云端""三打"等专项行动,严厉打击严重暴力犯罪和多发性侵财性犯罪。另一方面,紧抓重点,突破难点,有的放矢,增强治安防控体系的实效。一是针对重大不稳定问题排查化解。进一步健全和完善"年初排查、年内化解、年底考核"的工作机制,连年开展重大不稳定问题排查化解集中行动,对每一宗重大不稳定问题都做到不稳定苗头清、安全隐患清、群众情绪清、重点人员清。创新开展"横排、竖理、循法"工作机制,对本地区、本系统事权范围内可解决的交由责任单位负责化解,需要上级部门协调解决的交由相关主管部门负责办理,对属于涉法涉诉的通过法律途径予以解决。

二是针对重点人群分类稳控。首先是流动人员和出租屋。鉴于多年来广州每年抓获的违法犯罪人员中80%以上为流动人员,其中80%以上又居住在出租屋的特点,加强全市在册来穗人员(701.04万人)和出租屋(423.82万套)①的管理。开发应用流动人员综合管理信息系统,实现信息实时采集上传;采用智能手机、平板电脑、二维码门牌等载体,实现流动人员和出租屋动态服务管理;推行出租屋电子门禁系统,落实居住人员登记办证。其次是刑释解教人员和吸毒人员。在社区矫正、社区戒毒工作中,积极引入专业社工队伍,形成政府部门与社会组织合作联动的工作模式,减少重新违法犯罪。再次是"法轮功"人员和暴恐分子。对易肇事肇祸的"法轮功"人员和涉稳涉恐分子,要完善排查梳理机

---

① 根据2014年7月汇总表数据。

制,落实分类分级稳控,防止发生脱控现象和极端事件。最后是近期少数新疆维吾尔族人员从事"五类车"非法营运的情况。结合对"五类车"的查处,及时做好疏导和稳控工作,防止其借机滋事。

三是针对在穗外国人实施动态管理。广州领事馆、涉外分支机构数量众多,外国人特别是中东非洲黑人扎堆聚集,"三非"外国人问题突出,进一步完善多系统集成、多功能应用的"外国人管理动态信息系统",通过整合公安机关内部和其他17个政府职能部门的涉外信息,实时掌握外国人在穗乃至国内活动踪迹,实现外国人落脚点管理、活动管理、签证管理以及涉外单位管理全面信息化,提高外国人服务管理水平和效率。尤其要加强居住200名以上外国人的街道设立外国人管理服务站的工作,对居住50人以上的外国人社区创建"和谐家园"。

四是针对互联网综合管理。广州是国家三大互联网出口之一,处于各类舆情的聚散地,新兴媒体也十分发达。一方面要加强对互联网接入服务和信息服务单位的管理,开展重点阵地技术和网上警务室建设,完善网上信息监控和有害信息控制工作机制,将网上重点人员监管工作向基层社区深化延伸。另一方面,要发挥市和各区、县级市互联网评论员的作用,引导社区舆论。要利用网络信息发布平台,创新网络警民沟通渠道,掌握和应对各类治安热点难点舆情。完善媒体网络舆情应对联席会议制度,市互联网信息办公室坚持每天收集、每周编报涉稳涉穗舆情信息,重要敏感期一日一报,加强"监测、研判、预警、处突、引导"五位一体的网络维稳工作模式。

(二)保持日常高压态势

在全市层面,建立等级响应机制。建立情报指挥调度联席会议制度,构建区域性治安防控等级勤务响应机制。每周根据警情监测结果,对治安状况由高至低实行"红、橙、蓝、绿"四色预警,对应启动区域性治安防控一、二、三、四级勤务响应。按照"警情主导、突出重点、动态布警"的思路,采取定点守护与机动巡逻相结合的方式,实施"叠加式"巡逻与"复合式"查控相结合的机制,形成守点、巡线、保面的巡控体系。建立应急巡防工作机制,特警等日常应急备勤力量在全市28个重点部位每天开展不少于6小时的巡防工作。

在社区层面,实行定人定岗机制。以城镇居民小区、乡村为基本防控单元,在全市1916个社区设置控人岗6237个,控地岗11778个,内街巷巡逻岗5261个,做到分级分类,控人控岗。推进以保安、保洁为主要内容的社区基本物业管理,推进围院式管理和网格化管理,完善"十户联防"制度和"大喇叭小哨子"

做法，强化人防、物防、技防措施。落实社区警务室建设和警力配备"双到位"，赋予社区民警社区治安决策的参与权、治安工作的组织权、治安力量的领导权，主导社区治安防控工作。

（三）合理调配警力和治安防控力量

作为一线城市，广州警力显然是无法与北京、上海相比的，但是，特大门户城市应该超比例配备警力应该成为决策部门的共识。鉴于广州所处的地位和经济发展水平、城市化进程的阶段性，根据财力逐年增强警力是一个中近期的需求。另一方面，对现有警力应该合理调配。尤其是番禺、白云在城市化进程中出现明显的警力不足，正规编制警力补充不及时，适当扩大辅警队伍也是一个选择。

建立群防群治力量。一方面将城乡社区治保力量整合为辅警队伍，另一方面，通过"平安志愿者工程"，构建遍布全市大街小巷的平安志愿服务网络。

最后，面对治安警力普遍不足的现象，科技提高效率是最值得挖掘潜力的领域。通过视频监控、卡口技术、大数据、信息化新技术等可以大大节省警力，事半功倍。

（四）群防群治与网格化管理结合

第一个层次是协同周边防控。在广州与佛山、清远、惠州、东莞、中山、韶关等周边城市警务合作及泛珠三角地区警务协作框架基础上，实行情报信息共享、执法办案协作、网络安全合作、重点人员共管、治安问题联治、突发事件援处；建立"七市联调"机制，实现调解资源共享、调解组织联建、纠纷信息互通、纠纷联防联调；建立维稳工作协作机制，加强线索情况协查和重点人员数据交流，做到资源共享和优势互补。

第二个层次是加强群防群治。为了增强群防群治的有效性，要最大限度地把专业力量与群防群治力量结合起来，完善专群结合机制。首先是队伍建设。将全市群防群治队伍整合为辅警、保安、联防三支队伍12万人，配合公安机关开展治安巡逻防控。筹建一支15万人的平安志愿者队伍，组建一支8000人的维稳信息员队伍。其次是"上街面进社区"。实施市直有关警种与属地公安机关联合巡防，把专业力量与群防群治力量摆上街面、路面，增加"现警率""屯警路面"。同时，推进"两代表队一委员"进社区、律师进社区，掌握社情民意，化解矛盾纠纷，指导群防群治。

第三个层次是夯实基层防控。将街镇"一队三中心"（综合执法队、政务服务中心、综治信访维稳中心、家庭综合服务中心）与推行网格化管理结合起来，推广"一格多员"的管理模式，实施精细化管理，构建管理、服务、执法"三位一体"的新型服务管理体系。

（五）建立多层次的专家咨询机制

在坚持每年举办的"开门办警"社会各界征求意见活动的基础上，设立各领域的、广泛的专家咨询委员会，定期或不定期咨询治安防控意见和建议，尤其是在某些特殊时期召集座谈，集思广益，凝聚共识。

在一些治安防控的重点区、县级市推广天河区成立法学分会的做法，通过这个平台在基层组建由本地区专家组成的咨询机构，使智力支持治安防控在重点区域发挥优势作用。

通过专项课题研究、横向机构合作，建立较为稳定的咨询合作机制，也可通过向社会发布招标课题广采天下建议。

（六）高科技与装备的结合

目前，广州构筑了环穗、环区（县）、环街（镇）三道防线，通过采取安保过滤和应急封控等手段，增强对各类可疑人员、车辆及危险物品的查控能力。从各国、全国各地来看，在交通要道采取分层设卡、流动堵口的方式可以提高发生紧急突发案件事件后对嫌疑车辆及人员的合围堵截能力，但成本也较大。更好的方式可能还是设置治安卡口。据有关数据，现在广州陆路交通要道入城方向设置31个治安执勤点、174个治安卡口。但有关方面反映卡口还是偏少。为了有效地抓拍嫌疑车辆（这往往是当前流动作案的主要工具），增加治安卡口，可以及时通过车辆轨迹比对分析查获案件。

另一方面，通过公安机关掌控的2.2万个路面监控点实行全天候监看，坚持"视频巡逻"与"实兵巡逻"联勤联动。落实治安视频监控系统建设规划，用4G技术新增监控探头，重点推进视频监控进社区、进出租屋，提高利用视频监控打击现行犯罪的能力。

因此，装备水平与指挥中心的调配能力，再加上形势分析水平，借助高科技，综合提升治安防控能力，是改善广州治安状况的重要保障。

课题组顾问：郭　凡
课题组组长：彭　澎
课题组成员：郭贵民、苗兴壮、彭颖、余志香

新时期广州对外交往工作的思考与建议

城市对外交往的目标和功能在于集聚国际发展资源，创设良好的国际发展环境，服务国家总体外交政策、城市经济社会发展和人民群众的对外交往需求。对外交往工作的思路和发展水平对于三大服务能力具有决定性的影响，在当前经济新常态时期，面对转型升级、深化开放合作的内在要求和"一带一路"建设的外在机遇挑战，广州对外交往工作应进一步开拓思路、更新理念、创新模式，为国家中心城市建设和提升城市国际影响力贡献力量，为发挥21世纪海上丝绸之路建设"排头兵"作用提供有力支持。

一、新时期广州对外交往新格局

在"一带一路"建设主旋律和深化开放合作的要求下，未来一段时期是目光向外、利用战略机遇拓展对外辐射力和影响力的良好时期，对外交往作为城市集聚国际发展资源、参与国际事务增强话语权和影响力的重要手段，应该在广州未来发展总规划中占有更重要的位置。与国内其他城市相比，广州具有强大的对外交往比较优势：交往途径丰富广阔，友好城市、驻穗领事馆等均位居全国城市前列；交往模式日趋多样，以UCLG、世界大都市协会等国际组织为依托的城市多边交往成效显著；交往平台不断创新，基于友城多边合作的"三城""四城"经济联盟蓬勃开展；人文交往基础深厚，具有华侨资源、粤语文化圈资源等特有优势。因此，在"一带一路"建设新时期，广州有条件、有能力取得对外交往新突破，创出新成绩。

二、对我市外事工作未来发展的思考与建议

未来一段时期，广州对外交往应以集聚发展资源、优化发展环境、提升城市国际形象、增强国际影响力为目标，开展以下工作。

(一) 构建"外事+"理念下的对外交往工作格局

"外事+"的理念来源于"互联网+"概念。"互联网+"是互联网思维的进一步实践成果,代表信息化时代的先进生产力,是创新驱动发展的重要力量。在"互联网+"这一新的社会形态下,互联网在社会资源配置中的优化与集成作用得到充分发挥,互联网的创新成果深度融合于经济社会各领域中,进而提升全社会的创新力和生产力。实践表明,"互联网+"已经影响和改造了包括金融、地产、文化在内的多个行业。

2015年7月4日,国务院印发《关于积极推进"互联网+"行动的指导意见》,将"互联网+"上升为国家战略。在新时期面对新任务、新挑战,广州外事部门作为对外交往的开拓者和承担者,也需要以战略的高度和创新的思维科学谋划发展,借鉴"互联网+"在资源配置和成果创新中的功能与作用,以"外事+"的发展理念,发挥外事工作在广州对外交往资源中的集成、优化和配置作用,推动外事与全市涉外部门业务的深度融合,构建开放型、协同型、创新型的大外事工作格局。具体来说,就是要与商务委、科创委、文广新局、体育局以及外宣办等涉外部门以及台办、侨办等紧密配合,将外事部门的信息、渠道、平台等优势转化为各领域工作的发展资源和动能,以"外事"作为桥梁、媒介,促进全市涉外工作实现跨部门、跨领域的连接、融合和创新发展。

(二) 以"最先一公里"理念推动工作重心前移

"最后一公里(Last Mile)"是公共服务和社会治理领域常用的概念,指在城市建设管理服务等公共政策落实过程中,重视末端、重视衔接、重视联系和服务群众。与之相对,"最先一公里"则是要勇于破题,面对错综复杂的问题与挑战,从与发展最密切相关的问题入手勇敢迈出第一步,实现破局效应。2015年2月,习近平总书记在中央全面深化改革领导小组第十次会议上指出要跑出改革"最先一公里",即要打破万事开头难的规律,善于破局,抓住重点解决矛盾和难题。"最先一公里"的提出,既是改革攻坚战的指导思想,也为地方对外交往工作指明了发展的方向与目标。在各地外事实践中,昆明已率先提出要做好"最先一公里",并将其作为指导思想融入外事工作规划中。从广州对外交往和城市发展需求来看,外事部门是全市对外开放合作的最前哨,是建设国际化大都市的第一线,外事工作做好"最先一公里",就是要牢固树立主动服务全市经济社会发展的理念,工作重心前移,以重点合作目标为对象深插触角,勇于探索、主动出击，发挥对外交往的探路者、对外合作的先遣队、海外利益的维护者的特色功能，集聚资源、拓展渠道、构建平台，为全市各领域"走出去"牵线搭桥、保驾护航。

（三）实施"三驾马车"外事资源整合开发战略

各省市的实践经验表明，友好城市、领事馆资源是扩大开放、深化合作和提升城市国际化发展水平的有效途径，各省市都高度重视并加大力度进行外事资源的开发利用。与其他省市相比，广州的友城、领事馆资源具有极强的比较优势，更具有国际组织多边交往的独特创新，在开发利用外事资源上占有先发优势并积累了丰富实践经验。在当前新常态下的战略机遇期，广州对外交往整体工作需要进一步解放思想、转变观念、提高认识，提高对开发利用外交外事资源的认识与力度，实施友好城市双边外交网络、国际组织多边交往平台、驻穗领事馆多元互动资源"三驾马车"整合开发、协同利用的发展战略，创建外事资源"1+1+1＞3"的对外交往新局面。尤其是要增强开发利用驻穗领事馆资源的主动性和积极性，加大开发力度，统筹规划、深挖资源、广泛协作，创新对内对外工作方法，加强信息交换与沟通协调，促进外事资源"三驾马车"并驾齐驱，为对外交往创新发展增添新动力。

（四）开拓思维创新对外交流合作模式

一是在服务国家外交方针大略的基础上，争取来自中央层面的更多支持，利用各类合作机制、合作平台等国家资源更好地发展自己，例如紧跟国家外交节奏，紧贴国家领导人的出访路线开展城市高层交往，形成"国家—城市国际合作之路"的出访模式，借助国家间合作"东风"促成城市间高水平、高质量的合作和交流项目。二是尽快出台《广州贯彻落实"一路一带"战略涉外工作实施方案》，指导统筹新时期全市对外交往工作。三是拓展思维，在友好城市"三城联盟""四城联盟"的基础上，借鉴"中俄两河流域合作机制"的理念与做法，依托广州在珠三角地区的中心地位和珠江流域沿岸城市"领头羊"地位，探索与欧洲莱茵河等河流流域沿岸城市建立城市联盟的合作模式，走出友城关系、国际组织平台、毗邻地区之外的一条城市间合作新路子。四是参与竞办或积极发起，吸引具有全球影响力的国际组织、高端国际会议落户，尤其要借助21世纪海上丝绸之路建设的大好契机，以助推广州国际航运中心建设为目标，发起和创建国际组织或高端国际论坛并将总部设在广州。五是践行人文外交、文化外交,打好广州特色"华侨资源""粤语文化圈""世界文化名城"牌,借鉴深圳、福建等省市经验,设立广州国际文化交流基金,面向友好城市、友好组织、海上丝绸之路沿线国家和地区等设立国际奖学金,借助来穗访学培训人员,传播城市文化、塑造城市形象,培育对穗友好力量。

(五)注重宣传打造对外交往品牌活动

国内城市例如昆明建设友城博物馆、重庆打造友城青年音乐节等宣传平台和品牌活动的经验表明,面向全社会加大活动宣传、品牌推广、教育培训,是对外交往直接服务人民群众的重要体现,也是丰富对外交往主体和人文交流交往内涵的有效途径。要精心策划活动、加大宣传力度、实施品牌营销战略,在友城交往、领事保护等领域打造一系列主题活动,例如在"谊园"的基础上升级扩大,打造以友城交往和民间友谊为主题的广州"友城公园",外事惠民,使得广大市民成为城市外交的受益者和主人翁,激发市民参与对外交往的热情与积极性;与广州图书馆、广州大剧院等演展场馆合作,宣传打造"广州外事"品牌。

(课题组成员:姚宜)

经济新常态下加强文化建设推进融合带动都市发展研究

我国经济发展进入新常态，是党的十八大以来以习近平同志为总书记的党中央在科学分析国内外经济发展形势、准确把握我国基本国情的基础上，针对我国经济发展的阶段性特征所作出的重大战略判断，是对我国迈向更高级发展阶段的明确宣示。近年来，特别是我国经济超越日本成为全球第二大经济体之后，经济增速持续下滑，过去30多年高速增长积累的矛盾和风险逐步凸显，经济社会发展面临增速换挡期、转型阵痛期和改革攻坚期这三期相互叠加，中国经济出现了不同于改革开放30多年来的新特征：一是从增长速度从高速转为中高速；二是经济结构不断优化升级，发展成果惠及更广大民众；三是经济发展的动力从要素驱动、投资驱动转向创新驱动。

新常态这个概念是对我国经济发展阶段性特征的高度概括，是对我国经济转型升级的规律性认识，是制定当前及未来一个时期我国经济发展战略和政策的重要依据。在党的十八届五中全会发布的公报中提出，未来"十三五"时期，要坚持发展是第一要务，以提高发展质量和效益为中心，加快形成引领经济发展新常态的体制机制和发展方式。新常态下中国经济仍然面临的新机遇，如果顺利完成增长驱动力的转换，增速虽然下滑，但经济增长的质量、经济总体的含金量都会高于过去30多年的高速增长期。因此，我们要以不断改革的勇气和决心，瞄准新的制度条件，找出新的战略方针、新的思想方法、新的工作理念，切实完成转方式、调结构的历史任务。

一、经济新常态下文化发展对中心城市的重要意义

在经济增长和技术进步的推动下，当代文化蓬勃发展，文化形态、文化生产、文化消费、文化传播、文化辐射等方面呈现出新的态势。自20世纪60年代以来，文化与发展之间的内在联系已经广为人知。2013年5月，联合国教科文组织在杭州举办"文化：可持续发展的关键"国际会议，探讨了2015年后可持续发展议程中的文化议题。国务院副总理刘延东在致辞时指出，当今世界正处在

大发展大变革大调整时期,文化在国家发展和人类进步中的作用日益凸显,迫切需要从文化的高度审视传统发展理论和发展道路;文化与经济、政治、社会关系更加紧密,迫切需要文化成为经济社会发展和人的全面发展的支撑力量。可以说,从"文化作为可持续发展的推动者和驱动力"主题可以看出,文化的作用已经在经济社会发展的各个方面产生广泛的影响,这已成为人们的共识。

在我国经济转型升级的关键时期,作为曾经经济高速发展领头羊的中心城市,经济新常态带来的影响可能更加突出。同时,当代文化的发展与都市密不可分,都市既是文化发展的区域,也是文化的特征,文化与都市的关系日益密切。因此,在经济新常态条件下,文化对中心城市转型升级的作用更加明显,意义也更加重要。

(一) 文化消费对经济发展的拉动效果不断增强

我国经济发展进入新常态,外贸出口和投资拉动的对经济发展的作用相对减弱,消费特别是内需将是拉动经济发展最重要的引擎。消费市场从以前的主要依靠外需向内需和外需综合平衡的方向发展,而在内需中,城乡居民从主要面向物质产品消费向物质消费和文化消费并举的结构模式转变。文化消费的内容十分广泛,主要是文化产品的直接消费,比如图书杂志和电影电视、网络电子游戏等的消费,同时也包括为了消费文化产品而消费各种物质消费品,如电视机、音像、照相机、摄像机等,此外还需要相应的文化设施,如图书馆、博物馆、电影院等。

改革开放以来,我国城乡居民的物质生活水平不断提高后,精神文化方面的消费需求开始不断增长。2014年我国人均GDP按美元计算已超过7000美元,说明我国居民消费结构正从商品性消费逐渐转移到精神和文化消费上来。根据国家统计局的抽样调查结果,随着城镇居民收入和消费水平的不断提高,居民用于教育文化和娱乐服务方面的支出也不断攀升。2013年城镇居民人均文化教育娱乐服务支出达2294元,与1990年相比,城镇居民八大类消费性支出的结构发生了巨大变化。食品支出比重由54.3%下降到35%,降幅达19.3个百分点,降幅最为明显;衣着所占比重和家庭设备用品及服务支出比重分别下降2.8个百分点和1.8个百分点;交通通信支出比重提升最为明显,达到12个百分点;此外,居住支出的比重提高4.9个百分点,医疗保健支出比重上升4.2个百分点,文化教育娱乐服务支出比重提高3.9个百分点。这充分显示基本生活消费的扩张有限,甚至占比呈下降趋势,而对文化、通信、医疗等新兴服务的消费数量及质量的要求日益增加。

随着文化消费市场呈现出个性化、多元化趋势，文化产品和服务的生产方式和文化资源的配置方式也有了很大变化，在市场的作用下，使得文化产业快速发展与文化需求迅猛增长相结合，在满足群众多元化消费需求的同时，成为引领市场结构调整，推动产业转型和国民经济升级换代的重要动力。尤其是中心城市凭借良好的文化基础设施、场馆以及集聚文化企业的重要条件，将成为文化消费爆发式增长的突破口。

（二）文化业态创新发展成为创新驱动的重要内容

文化消费具有供给创造需求的特点，作为人的精神文化需求，文化消费不同于物质需求对象的即时性、明确性，而是往往处于无意识的潜在模糊状态，需要通过创意、生产而形成的新产品供给来激活人们的需求欲望。人民群众的文化物质需求日益旺盛，为文化产业的发展提供了广阔的空间，反过来，文化产业的创新发展也是推动文化消费的重要手段。在这种相互作用下，近年来文化产业的增幅超过同期 GDP 增幅，对经济增长的贡献率不断提升，文化产业已经成为我国经济结构调整的一个重要方向，是促进经济发展、调整产业结构、提高消费水平的重要手段。

随着信息与网络等新技术的快速发展，文化传播进入全新的数字媒介时代，传播速度快、容量大、覆盖面广。同时，微电影、微文学、微博、微信等新型文化产品以及数字出版、动漫、网络游戏等新兴业态成为文化产业的新增长点。实时互动的特点超越了时空限制，也使得原本处于传统传播范围之外的国家和地区成为可以开拓的市场。文化新业态的特征归纳为高新技术是支撑，内容创新是关键，技术和内容的融合是根本。中心城市可以充分把握文化新业态蓬勃发展的机遇，推动文化与科技的结合，发展信息技术，开发数字传媒、创新文化产品、占领文化制高点，实现文化产业的创新超越。

（三）文化产业对其他产业的融合带动明显提升

我国正在处于经济社会发展转型的关键时期，从经济发展的现状和经济增长的内生规律来看，就是要重点解决资源环境约束、产业结构优化和经济社会发展的协调可持续问题，而加快发展文化创意产业，积极推进文化创意与其他产业的融合，成为调整产业结构、转变经济发展方式的重要手段。

产业融合，是指不同产业之间相互渗透与协作，并推动产业之间业务、产品与市场的交叉与融合,从而导致传统产业边界的调整甚至重新界定的一个过程。文化创意产业的综合性、渗透性和关联性比较强,与其他多个产业之间在产品和市场领域的交叉重合程度高,耦合关系强,具有与其他产业融合的深厚基础和广阔空间。

推动文化创意产业与其他相关产业的融合发展,对于文化产业自身以及其他产业的发展都具有非常积极的作用。推动文化产业与其他产业融合发展是加快文化产业发展的强大动力。消费产品、旅游、体育、建筑等相关产业可以为文化资源的开发提供载体,同时为文化的交流和传播搭建平台,进一步扩大文化产品的规模化。同时,推动文化产业与其他相关产业融合发展是其他产业转型升级的重要路径。随着生活水平的提高,城乡居民对精神文化的需求越来越强烈,不仅仅注重产品的功能性价值,还更加关心产品的文化价值。因此,产业升级的路径不能仅仅依靠技术创新、提高产品技术附加值,提高产品文化附加值成为产业升级的新路径。推动文化产业与相关产业融合,可以使文化产业的审美理念、文化符号、创意概念等向相关产业渗透,提升相关产业产品的文化附加值,有利于产业的发展空间,提高传统产业的经济效益和竞争力,以实现相关产业的转型升级。国家中心城市是文化产业聚集的区域,同时对其他产业的融合带动作用也更加明显地体现出来,在以创新作为驱动力的中国产业和城市双转型过程中,中心城市可以发挥更加积极的作用。推进文化与其他领域的融合发展,是促进产业转型升级,加强城市经济发展活力的重要举措。

二、文化融合发展的要求与广州存在的不足

在经济新常态下,加快文化产业自身的创新发展,并积极推动与其他产业融合发展,共同拉动文化消费,是加强创新驱动、促进转型升级的重要内容。

(一)国家推进文化融合发展的总体要求与各地做法

国家对文化产业的融合带动作用一直都有深刻的认识,党的十七届六中全会提出:"推动文化产业与旅游、体育、信息、物流、建筑等产业融合发展,增加相关产业文化含量,延伸文化产业链,提高附加值。"2014年,国务院印发了《关于推进文化创意和设计服务与相关产业融合发展的若干意见》(以下简称《意见》),这是我国第一次就文化创意和设计服务与相关产业融合发展出台的系统性文件。也是新中国成立以来,第一个针对文化产业的国务院文件,针对性

强,是一个重要的指导性文件。

1. 推进文化创意融合发展的内容与方向

根据《意见》提出的要求,到 2020 年的目标是,我国文化创意和设计服务的先导产业作用更加强化,与相关产业全方位、深层次、宽领域的融合发展格局基本建立,相关产业文化含量显著提升,培养一批高素质人才,培育一批具有核心竞争力的企业,形成一批拥有自主知识产权的产品,打造一批具有国际影响力的品牌,建设一批特色鲜明的融合发展的城市、集聚区和新型城镇。

文化产业涉及的内容众多,依据国家统计局《文化及相关产业分类(2012)》,《意见》把所涉及的"文化创意和设计服务"内容界定为文化产业大概念下的一部分,包括文化软件服务、建筑设计服务、专业设计服务和广告服务四个方面,大体涵盖了国民经济涉及的文化创意和设计服务活动。提升文化产业的创意水平和整体实力是推进文化创意和设计服务与相关产业融合的基础。《意见》确定了创意设计、动漫游戏、演艺娱乐、艺术品、工艺美术作为融合发展的重点领域,提出提升各个领域创意水平的发展举措,着重提升其原创能力。

能够实现与文化创意和设计服务向融合的产业众多,本着突出重点的原则,结合转型升级、发展服务业等工作部署,《意见》选择了下列重点行业,包括装备制造业、消费品工业、建筑业、信息业、旅游业、农业和体育产业作为开展融合发展的重点产业。上述行业提供的产品和服务是直接面对居民日常生活需求的终端消费,产品形态多样,随着科技发展,新业态、新产品不断涌现,与文化创意和设计服务融合发展的需求拉动效应也非常明显。同时,文化创意和设计服务与上述行业融合潜力巨大,推进融合发展有利于提升产品质量性能,丰富消费体验,培育自主品牌,加快实现产业结构调整和优化升级。

2. 各地积极推进文化融合发展的做法

许多重点城市响应国家层面推进文化产业融合发展的意见,纷纷出台了自己的相关政策文件。有的以实施意见的形式下发,如上海、重庆、杭州,有的在国家政策的指导下,制定了更加详细而具体的行动计划,例如北京、天津、成都。

表1 重点城市推进文化产业融合发展的目标与任务

各地贯彻文件	发展目标	重点任务
《北京市推进文化创意和设计服务与相关产业融合发展行动计划（2015—2020年）》	到2020年，基本形成文化创意和设计服务与相关产业高水平、深层次、宽领域的融合发展格局，文化创意和设计服务的先导产业作用更加突出，对全市经济发展的贡献率显著提升，为实施创新驱动发展战略，促进经济提质增效升级发挥重要作用	①文化创意产业提质行动；②数字内容产业提速行动；③旅游文化内涵开发行动；④教育服务业态培育行动；⑤体育产业空间拓展行动；⑥城市文化品位提升行动；⑦文化金融服务创新行动；⑧商务服务业态优化行动；⑨制造业产业链升级行动；⑩现代农业创意增效行动
《上海市政府关于贯彻〈国务院关于推进文化创意和设计服务与相关产业融合发展的若干意见〉的实施意见》	—	①提升制造业能级和比较优势；②加快数字内容产业和信息服务业发展；③提高设计领域产业化水平；④优化人居环境质量；⑤丰富都市旅游文化内涵；⑥拓展体育产业发展空间；⑦挖掘都市农业发展潜力；⑧增强文化产业竞争力和活力
《天津市推进文化创意和设计服务与相关产业融合发展行动计划（2015—2020年）》	到2020年，创意产业增加值占全市生产总值比重力争达到8%，建成优秀文化创意成果的转化应用中心，优质文化创意资源的汇聚中心，独具特色的文化强市、北方创意之都	①加强与制造业融合发展；②加强与科技融合发展；③加强与旅游融合发展；④加强与特色农业融合发展；⑤加强与体育产业融合发展；⑥提升文化产业整体实力
《重庆市人民政府关于推进文化创意和设计服务与相关产业融合发展的实施意见》	力争到2020年，把文化创意和设计服务产业培育成我市先导产业，文化创意和设计服务产业年产值突破1000亿元，对相关产业发展贡献度达30%以上，打造成为长江经济带文化创意和设计服务的重要基地，争取进入联合国教科文组织"创意城市网络"	①提升文化创意和设计服务产业发展水平；②引领制造业转型升级；③加快数字内容产业发展；④提升人居环境质量；⑤挖掘特色效益农业发展潜力；⑥促进商贸服务业提档升级；⑦丰富旅游产业文化内涵；⑧拓展体育产业发展空间

续上表

各地贯彻文件	发展目标	重点任务
《杭州市人民政府办公厅关于深入推进文化创意产业与相关产业融合发展的实施意见》	到2020年，文化创意产业作为全市支柱性产业的地位与作用进一步巩固，文创产业与相关产业全方位、深层次、宽领域的融合发展格局基本建立，相关产业的文创附加值显著提升，为杭州经济转型升级和经济社会持续健康发展发挥重要作用	①加强文创产业和制造业融合；②加强文创产业和信息科技融合；③加强文创产业和城镇建设融合；④加强文创产业和休闲旅游融合；⑤加强文创产业和现代农业融合；⑥加强文创产业和健康产业融合；⑦加强文创产业和品质生活融合
《成都市文化创意和设计服务与相关产业融合发展行动计划（2014—2020）》	到2020年，初步建成面向西部民族历史文化的发掘创新传播中心、面向国际市场跨国合作的西部文化贸易中心、面向三次产业融合发展的西部创意设计中心	①推动创意设计与制造业融合创新；②推动创意设计与城乡建设融合创新；③推动创意设计与科技融合创新；④推动创意设计与金融融合创新；⑤推动创意设计与信息化融合创新；⑥推动创意设计与旅游会展体育融合创新；⑦推动创意设计与商务融合创新；⑧推动文化创意与农业融合创新

总的来看，各地都非常重视文化融合发展的重要意义，也结合各自实际提出了建设的目标。例如成都突出西部特色，提出了"三个中心"的目标定位，即文化发掘创新中心、文化贸易中心和创意设计中心。很多还针对文化创意的产值提出了具体的目标，例如，重庆提出2020年文化创意产业年产值达到1000亿元，天津提出创意产业增加值比重达到8%。

推进文化融合发展内容方向上，大部分地方都是按照国务院文件的方向，在重点发展文化产业自身之外，主要以制造业、旅游业、信息、建筑、体育、农业等为方向。有的根据自身实际有所增减，如北京增加了文化与金融、商务服务业，成都将科技与信息化分拆，同时增加了金融和商务，杭州增加了与健康产业融合。

这充分展现了重点城市发挥城市集聚作用，大力推动文化产业融合发展的决心。

（二）广州推进文化融合带动发展存在的不足

对比国家提出的文化产业融合发展的要求，以及兄弟城市积极出台贯彻政策推动文化产业融合发展，广州文化以及文化产业发展中存在的一些不足，导致文化产业融合带动的资源相对有限，融合带动的能力也相对不强。

1. 历史文化资源并不丰富

广州在历史上偏处岭南，与中原相比开发较晚，文化资源的积淀相比国内一些古都而言不够丰厚。从广州的历史发展进程来看，文化发展的政治推动力严重不足，与各个著名的古都相比，没有显赫的王朝在此定都，即使是一些地方性政权如南越、南汉等，由于政治势力所及的范围相对狭小不出岭南一隅，能够动员的资源也相对有限，因此，广州缺少宏伟的宫殿、陵寝、寺庙等文化遗迹。广州与一些著名的古都相比，历史文化资源的知名度、影响力和吸引力存在着较大差距。内地很多二、三线城市尽管整体经济实力和城市地位已经衰落，但是曾经有过辉煌的历史，也遗留下较多的历史文物资源，由此可以与旅游较好地融合，形成旅游开发的重要资源。

广州历史文化资源的数量相对较少，吸引力不高，旅游开发的潜力相对有限，造成了对旅游业的融合带动不足。以全国重点文物保护单位为例，广州共有28处全国文物保护单位（加上虎门炮台在广州部分29处），在全国城市排31位。远远少于山西的运城、晋城，河北的保定、张家口，内蒙古的赤峰，山东的济宁等二、三线城市。进一步看广州的重点文物保护单位中，其中又有16处是近现代革命相关的遗址，政治性意味较浓，对于游客的吸引力相对有限。因此，广州尽管接待游客人数较多，但是更多的是商务型游客，历史文化资源所吸引的游客相对较少。

2. 文化内容生产相对不足

尽管广州的文化产业发展态势良好，产业增加值也占到GDP一定的比例。但是，文化产业的产值主要是文化类商品的制造，而核心文化内容的生产还不够丰富。以电视剧这种最为大众化的文化产品为例，在20世纪八九十年代，广州作为改革开放的前沿阵地，在电视剧领域也创新争先，推出了《公关小姐》《外来妹》《情满珠江》《英雄无悔》《和平年代》等一大批脍炙人口的经典名作，不仅轰动全国，也在电视圈内形成京、沪、粤三足鼎立之势，粤派电视剧辉煌一时。但是，后来由于各种原因，人才流失，也缺少新的资本投入，粤派电视剧从辉煌走向衰落,在新的竞争格局中逐渐被甩下。

近年来随着网络的普及,视频网站的推广,电视剧在原有的电视频道之外获得了全天候的播放能力,成为最具影响力的文化内容产品。大量热播电视剧在全国形成强大的影响,甚至走出国门受到国外观众的追捧,同时也带动了周边产业的发展。但是,仔细看来,近年来热播的电视剧中却看不到广州的身影,在北京、上海这些传统电视剧制作中心之外,江苏、浙江、湖南等地的制作机构迅速崛起,推出了很多影响广泛的作品。从 2013 年的制作数量来看,南方电视台勉强能够挤入前十,但是也没有真正很有全国影响力,引发收视热潮的现象及作品。

表2 2013 年度按获得发行许可证电视剧部数的产量分布

排名	制作机构	获得发行许可	
		集数	占比(%)
1	长城影视股份有限公司	496	3.15
2	海润影视制作有限公司	406	2.57
3	华策影视	290	1.84
4	欢瑞世纪影视传媒股份有限公司	283	1.79
5	上海尚世影业有限公司	270	1.71
6	上海新文化	242	1.53
7	华录百纳	222	1.41
8	湖南广播电视台	205	1.3
9	广东南方电视台	204	1.29
10	山东电影电视剧制作中心	199	1.26
	全国	15770	100

如果说从制作数量上还有南方电视台勉强可以挤入前十名的话,从影响力来看,广州甚至包括整个广东地区在 2014—2015 年电视剧制作公司的影响力排名中没有一家能够进入前 30。在全国的电视剧制作领域,曾经引领一时风潮的

"粤派"已经彻底衰落了。

表3 2014—2015年电视剧制作公司影响力排名

排名	制作公司	排名	制作公司
1	新丽影视	16	安徽广播电视台
2	浙江华策	17	DMG娱乐
3	上海剧酷	18	上海新文化
4	北京唐德	19	华视影视
5	慈文影视	20	大唐辉煌
6	欢瑞世纪	21	泓霆影业
7	上海辛迪加	22	上海唐人
8	上海耀客	23	山东影视传媒
9	山东卫视传媒	24	东阳欢娱
10	本山传媒	25	浙江金溪影视
11	梦幻星生园	26	南京军区电视剧艺术中心
12	北京华录百纳	27	上海华萍
13	海润影视	28	尚世影业
14	北京世纪伙伴	29	四川星空影视
15	东阳长城	30	北京鑫宝源

文化市场活动的主体是文化企业,如果缺乏有实力的文化大企业,就不可能充分地利用好各种文化资源,形成强大的融合引领能力。要充分发挥文化产业对其他产业的融合带动作用,就必须要建设一批有强大融合带动能力的文化企业。尽管广州文化产业已初具规模,但是仍然存在着企业业务单一、抗风险能力弱、行业集中度低等突出问题,文化企事业单位总体实力还不够强,"小、散、乱、弱"局面依然存在,真正具有实力的文化龙头企业较少。

以中国沪深股市的上市公司为例,在中国证监会对上市公司的分类中,在文化、体育和娱乐业(门类号R)下,有新闻和出版业(大类号85),广播、电视、电影和影视录音制作业（大类号86）、文化艺术业（大类号87）、体育（大类号88）、娱乐业（大类号89）。根据2015年第二季度的分类结果，文化艺术业、体育和娱乐业门类下，三个大类共有上市公司34家，没有一家是广州的企业。

表4　2015年文化行业上市公司分类

85 新闻和出版业	000504 南华生物 000793 华闻传媒 600373 中文传媒 600757 长江传媒 601098 中南传媒 601999 出版传媒	000607 华媒控股 300148 天舟文化 600551 时代出版 600825 新华传媒 601801 皖新传媒	000719 大地传媒 300364 中文在线 600633 浙报传媒 600880 博瑞传播 601928 凤凰传媒
86 广播、电视、电影和影视录音制作业	000156 华数传媒 002071 长城影视 300027 华谊兄弟 300291 华录百纳 600088 中视传媒	000665 湖北广电 002624 金磊股份 300133 华策影视 300336 新文化 600136 道博股份	000802 北京文化 002739 万达院线 300251 光线传媒 300426 唐德影视
87 文化艺术业	000673 当代东方 300144 宋城演艺	000681 视觉中国	002699 美盛文化

数据来源：中国证监会：《2015年第二季度上市公司行业分类结果》。

广州本地的几家文化类上市公司，粤传媒和省广股份在分类中属于第72大类商业服务，珠江钢琴和奥飞动漫属于第24大类文教、工美、体育和娱乐用品制造业。根据证监会《上市公司行业分类指引》，行业分类以上市公司营业收入等财务数据为主要分类标准和依据，当上市公司某类业务的营业收入比重大于或等于50％，则将其划入该业务相对应的行业。当上市公司没有一类业务的营业收入比重大于或等于50％，但某类业务的收入和利润均在所有业务中最高，而且均占到公司总收入和总利润的30％以上（包含本数），则该公司归属该业务对应的行业类别。很多人在概念上想当然地认为粤传媒、奥飞动漫属于文化类上市公司，但是证监会分类结果显示，他们主营业务收入并不是文化服务。

因此，广州在文化产业领域的重点龙头企业太少，企业的自主创新能力不够，尚未形成比较强大的带动其他产业的策划创新能力、市场拓展能力，缺乏可以将丰富文化资源和内容变为融合带动其他产业发展的创意者、生产者和资源整合者。特别是与北京、上海、深圳等先进城市相比，龙头企业的缺乏现象更加明显，严重影响了融合带动其他行业的能力。

3. 文化产业的辐射能力不够

广州文化产业在全国的影响力和知名度的相对较弱，近年来也缺少有影响力的优秀作品。在城市之间的竞争中，其他城市的一些机构，例如湖南、江苏、浙江的地方电视台，近年来凭借一些优秀的节目、精彩的电视剧内容等红遍大江南北，在全国的影响力迅速提升。在全国电视台的收视排名中，中央电视台系列占据了半壁江山，还有很多地方卫视展开激烈的竞争。位于广州的省级卫视广东卫视仅仅排名第27位，即便是在地方电视台的竞争中排名也在第十名以后。

表5　GSM全国网2014年全国电视台收视排名

排名	频道	份额	排名	频道	份额
1	CCTV-1	5.17	16	四川卫视	1.24
2	湖南卫视	4.65	17	北京卫视	1.08
3	CCTV-少儿	4.12	18	辽宁卫视	1.05
4	CCTV-6	3.46	19	CCTV-10	1.01
5	CCTV-3	2.90	20	东方卫视	1.00
6	CCTV-8	2.90	21	CCTV-7	0.93
7	CCTV-新闻	2.84	22	CCTV-11	0.91
8	山东卫视	2.72	23	CCTV-2	0.90
9	江苏卫视	2.61	24	黑龙江卫视	0.82
10	CCTV-4	2.16	25	天津卫视	0.81
11	金鹰卡通	1.87	26	湖北卫视	0.75
12	浙江卫视	1.59	27	广东卫视	0.75
13	安徽卫视	1.52	28	深圳卫视	0.74
14	CCTV-5	1.49	29	江西卫视	0.74
15	CCTV-12	1.24	30	CCTV-音乐	0.73

总的来看，由于历史传统文化资源相对不够丰富，在文化领域又缺少龙头企业，具有较强影响力、体现广州原创能力的文化内容产品生产不足，导致文化产业对周边关联产业的辐射带动效应不强，不足以有力地推动产业转型升级，因此，还不能在经济社会发展中体现出核心影响力。

三、广州发挥文化融合，带动作用的总体思路

在经济新常态的背景下，广州作为国家中心城市，要充分把握经济新常态带来的危机与机遇并存，贯彻全面深化改革的总体方针，利用文化产业具备一定实力的良好基础，进一步做强做大，提升自身水平，主动融合，积极引领，推动广州城市发展更上新的台阶，进一步提升国家中心城市的能力和地位。

（一）推动全面融合，实现引领带动

要更加充分地认识经济新常态下，文化发展在经济社会发展中的积极作用，更加全面主动地推动文化实现融合。同时，还要进一步认识到，文化与其他领域的融合并不是简单的合作，还有主次作用之分。在全面融合的基础之上，还要更好地发挥文化的引领带动作用。在推动全面融合发展的过程中，要根据实际情况，选择重点行业和重点领域，采取有力措施，力争取得明显效果。推动文化融合发展，其目的并不是单纯地加快发展文化产业，而是充分发挥文化产业的优势，带动产业结构升级。因此要充分发挥文化产业上下游价值链长，辐射面广的特点，以文化产业"走出去"为杠杆，撬动文化产业的快速发展，也以此推动广州产业结构的转型升级。在此基础上，促进文化产业与城市发展的联动，促进文化软实力与城市实力的融合，推动广州巩固国家中心城市地位，进一步提升在全国乃至国际的影响力。

（二）发挥市场作用，形成产业优势

要积极发挥市场的作用，文化与其他产业的融合是要求文化产业和其他产业共赢，要在融合发展中创造更多的市场效益，而不是在政府推动下纯粹地为了融合而融合。例如在流行的文商旅融合中，就是要通过融合提升旅游的文化内涵与商业效益，以文化提升旅游内涵，同时要注重旅游策划，将文化魅力充分地展现出来，更重要的是还要与商业相结合，提升文化旅游的商业效益，实现可持续发展的动力。在发挥市场作用中，要注重引入民间资本的力量。从历史经验来看，

在影视制作领域，一大批民营影视制作公司成长起来，成为文化产业的重要力量，目前，北京、上海、浙江、江苏一大批民营企业都是在这个浪潮中投入文化产业并抓住机遇做强做大，很可惜的是广州错过了这个历史机遇期，民营文化企业还不够壮大。因此，广州在未来推动文化融合引领发展的过程中，一定要在市场的作用下，积极吸引民营资本进入文化产业，让资本之手发挥作用，积极实现融合发展。

（三）提升辐射能力，带动周边地区

文化产业的融合带动作用，不仅仅体现在区域内的产业之间，更重要的是体现在区域之间，文化融合引领作用的重要内容是同时发挥广州中心城市的辐射作用，进而带动周边珠三角地区的转型升级。珠三角区域经济一体化的核心是区域市场一体化和区域产业分工体系合理化，随着珠三角一体化发展的步伐加快，为广州与周边地区的分工与协作提供了良好的基础。珠三角地区面临着率先转型升级的任务，但是，面临的缺少核心要素价值链的重要瓶颈，如果没有中心城市形成自己的文化产业价值链，聚集起一大批文化内容生产、设计、广告、展示、传播等产业和人才，要求周边地区，传统的生产制造型企业独立实现升级，具有非常高的难度。广州加快发展文化产业，增强融合发展的能力，有利于带动和辐射珠三角乃至周边更广阔地区的相关产业升级，这也是广州建设国家中心城市的重要功能。广州应发挥中心城市的定位优势，打造成为文化创新融合的中心，加快集聚文化产业核心生产环节的发展，同时加大对珠三角及周边地区的辐射能力，与周边地区的制造基地形成良性互动和分工，带动和支撑珠三角地区相关产业的持久发展。

四、广州加快文化建设融合带动都市发展的重点任务

经济新常态对广州未来的发展形成挑战，广州要充分发挥大都市的优势，以当代都市文化作为建设世界文化名城的核心内容，更加枳极地应对新常态带来的深刻变化。根据广州实际和文化产业发展的规律，可以选择部分重点行业与领域作为融合带动发展的重点任务。

（一）健全文化主体发展，提升自身带动能力

增强文化产业自身的实力，是推动文化产业与其他行业融合发展的基础。从

广州文化产业发展的现实来看,最重要的任务就是培育一批具有创新活力的主体,承担起引领发展的重任。

1. 打造跨领域泛文化龙头企业

我市文化产业已初具规模,但是大部分文化企业都属于中小甚至小微企业,企业业务单一、抗风险能力弱。只有大幅度提高行业集中度,才有可能提升行业整体实力,培育出在跨产业领域进行拓展布局的大型文化龙头企业。尤其是当前文化产业发展出现产业延伸的趋势,围绕同一 IP 开发影视、游戏、文学、动漫等作品的延伸产业链正在成为发展趋势。因此,鼓励有实力的文化企业适度拓展跨界泛娱乐概念布局,增强文化企业在多个领域的协同性,又适时加快产业融合,进行跨地区、跨行业、跨所有制兼并重组。积极培育国有骨干文化单位,以资产为纽带加快资源整合,围绕做强做大目标,通过产权交易、资产重组等市场化方式,积极培育一批实力雄厚、具有较强竞争力和带动力的龙头企业,提高对其他行业与区域的辐射影响力。

2. 积极扶持文化企业利用资本市场做强做大

由于政策支持,以及市场空间扩展,文化传媒类上市公司近年来业绩继续保持快速增长态势,文化产业在未来很可能掀起上市的热潮,特别是新兴文化业态发展迅速,互联网等企业积极进入文化传媒产业进行跨界融合,电影、电视、游戏、动漫和互联网新媒体等公司的业绩增幅明显,未来发展潜力仍然很大。充分发挥资本市场的放大器作用,鼓励广州本地企业做强做大。充分利用国家推进文化金融合作的政策,在巩固广州新华出版发行集团、广州影视传媒有限公司改革成果的基础上,加大资本运作力度,推进上市准备工作,为尽快上市创造条件。借鉴中外演艺集团运作的先进经验,探索推进组建广州市文化演艺集团有限责任公司。鼓励社会资本积极投入到文化产业,大力推动民营文化企业做强做大。建设文化金融服务中心,搭建文化金融中介服务平台,促进文化与金融对接,鼓励文化企业和金融机构加强沟通与合作,争取在未来五年再推动 5～10 家民营文化企业利用多层次的资本市场上市。

3. 激发民营和小微文化企业以及文化创客的创新活力

在文化创意产业领域,由于产业特征,大量的民营和小微企业具有充分的生机和活力。这充分反映出民营机构在资本运作、市场触觉、操作机制方面的优越性。广州及珠三角地区民间资本丰富,应将这一资本优势转化为产业优势,出台相关激励政策,引导民间资本积极投向文化产业领域。要给市场主体松绑,为民营和小微文化企业发展创造良好的环境,简化创办手续,降低市场准入门槛。由主管部门共同编制，定期发布《广州市文化产业投资指导目录》和《文化项目投资指引》，既向社会完整传达政府关于开放文化产业投资领域的最新政策意向，也吸引和推动各种社会资本进入文化产业领域。规范完善市场秩序，在文化产业领域营造一个公平竞争的市场环境与氛围，使民营和小微企业能与国有单位在优胜劣汰市场竞争中不断提升竞争力。深化与银行等金融机构的合作机制，通过文化产业发展专项扶持资金，对符合条件的民营和小微文化企业项目给予扶持。

（二）引领时尚文化潮流，融合带动制造业

广州及珠三角地区的纺织服装、皮具、玩具、珠宝、化妆品等消费品制造比较发达，需要通过打造时尚品牌实现转型升级。时尚商品中有着丰富的文化内涵，在时尚商品制造的转型升级中需要全方位的时尚文化带动支撑。只有通过强大的时尚符号价值链，包括时尚创意设计、品牌推广、传播展示等高端服务的支持，才能实现带动时尚制造业的发展。

1. 推动时尚文化与消费品制造业的横向融合

推动文化创意与其他产业的横向服务链融合，在时尚产品的质地和工艺日益同质化的背景下，大力发展设计和营销，以打造品牌、提高质量、提升附加值为重点，将有效地提升时尚产业和其他工业品的附加值。广州的优势产业在于消费品制造领域，尤其是扩展到珠三角地区来看，服装、皮具、珠宝等时尚商品的制造已经具有良好的产业基础，也是发展时尚产业的重要内容，也不能只要时尚服务而把时尚商品制造全然抛弃，尤其是具有较高技术含量的商品制造环节。因此，立足聚焦高端要素、高端领域、高端环节，增强集聚带动、融合引领、辐射服务功能，积极推动时尚文化与制造业的融合互动。

2. 推动时尚文化产业的纵向产业链延伸

积极拓展创意设计的服务与推广，带动产业链条上的产品制造、衍生产品、品牌服务、专卖商店等环节的联动。在原有纺织服装、皮具、珠宝等传统优势时尚商品制造业的基础上，大力推进技术改造和升级，依靠品牌和科技，提高产品附加值，实现制造业质的转变。按照"强化上下游、拉长产业链、提高附加值"的思路，支持和鼓励有一定规模、品牌和市场的企业利用高新技术改造和提升产品，增加产品附加值，变单纯加工为品牌生产、创新增效。

3. 打造时尚之都带动珠三角地区的制造业升级

广州要以打造时尚之都为目标，积极主动为周边地区企业输出服务，为企业

切实解决设计、传播、营销等方面的难题。大力建设研发中心、检测中心、信息中心等公共技术创新服务平台，努力营造鼓励自主创新和自主设计的环境，争创一批国家和省市驰名商标。鼓励企业通过购并、兼并、买壳、注资等方式间接或直接上市等方式做强做大，促进优势资源向名牌企业集中，通过大集团的吸引、带动和辐射，提升产业整体竞争力。鼓励企业做大之后，逐步将生产制造环节向生产成本较低的珠三角其他地区转移，将广州变为时尚产业的总部基地，品牌运营、创意设计、产品研发、市场推广等总部性职能中心的聚集地。同时，也可以吸引企业在当地保留生产基地的同时，将设计、运营中心转移到广州，利用广州的优势服务，提升企业的竞争实力。

（三）优化提升会展贸易，融合带动商贸业

充分发挥广州商贸业的优势，推动提升广州的商贸中心功能在层次和能级，增强文化商贸展示的功能，打造文化贸易中心。

1. 完善文化展示交流设施

整体规划包装花城广场、广州新图书馆、海心沙、广州大剧院等建筑集群，充实建筑的岭南文化内涵，综合展示广州岭南文化历史、发展、未来，打造展示现代文化风貌的新中轴线城市文化客厅。高标准建设"一园四馆"，即岭南文化大观园、广州新博物馆、广州美术馆、广州文化馆（广州现代艺术馆）、广州科学馆等一批现代化新型文化设施，打造全面展示岭南文化的综合性城市文化展厅。建设特色鲜明、功能完善、品位高雅的文化基础设施项目，强化区域文化中心枢纽地位。启动广州博物馆之城建设，着重推进一批公共博物馆建设项目。启动广州图书馆之城建设，加快原广州图书馆改造和广州新图书馆设立"广州市国际纪录片研究展示中心"项目，落实街镇和社区图书馆建设。

2. 优化文化产业商贸交易功能

充分发挥利用好广州"千年商都"的品牌和商贸业发达的优势，加快建设文化产品和要素的交易平台。广州的文化会展商贸的影响与广州文化产业的发展现状以及广州在国家城市中的地位严重不匹配，需要进一步整合相关资源，利用会展产业优势，推出自己的文化创意产业博览会，可在原有"艺博会"基础上进一步扩大规模，增加展馆面积，加大招商力度，打造广州文博会的品牌。积极探索"文化兴商、旅游促商"新实践；春季、秋季交易会期间，在全市范围重点是"广交会"展馆附近区域举办凸显岭南风格和广州特色的系列文化活动，积极推介文化旅游景区、线路和休闲娱乐项目，打造富有文化内涵的世界级商贸

会展。

3. 提升文化重大节庆活动的交易平台品牌

广州作为千年商都，商贸服务业一直是广州的优势产业，建设国际商贸中心要求进一步增强城市商业活力，聚集众多国际性商贸活动，在世界范围形成较大的凝聚力和辐射力。采取国际化、市场化、社会化办节模式，重点办好广州国际艺术博览会、广州国际星海合唱节、中国音乐金钟奖、中国（广州）国际纪录片节、羊城国际粤剧节、中国国际漫画节、中国（广州）优秀舞台艺术演出交易会、广州艺术节、广州岭南书画艺术节等大型文化活动，根据实际情况适当增加展贸内容，增强市场的持续运作能力，促进文商结合，将节庆活动的交易平台功能充分发挥出来，不断增强商业效益，才有可能长久保持活动的生命力，并在此基础上不断扩大影响力和知名度，形成文化产品交易平台的制度化机制，积极打造一批具有长久生命力和国际影响力的文化节庆会展品牌，提高广州文化在海内外的知名度，将广州打造为国际知名的文化新商都。

（四）策划文化内涵主题，融合带动旅游业

从大旅游发展的格局出发，积极策划文化内涵和主题，带动引领旅游业发展，提升旅游的内涵和品位。结合广州实际，以珠江"两岸三带"建设为契机，重点发掘珠江沿岸文化景点，打造沿江旅游黄金带。

1. 以文化串联旅游主题和资源

广州旅游资源比较分散，一直以来被称为只有星星没有月亮。广州文化资源的一个亮点和特色就在于珠江，珠江在广州历史发展中有着重要的作用，广州因水而兴，凭江而富。依靠通江达海的地理优势，成为两千年长盛不衰的对外通商港口，因此，珠江与广州城市的关系可以概括为"商传千年，港通万里"。积极策划以珠江为主题，融汇贯通广州丰富的文化资源，并串联沿珠江两岸分布的旅游景点和景观，形成"以水读城"的旅游格局。珠江作为广州城市的母亲河，也是阅读了解广州历史文化的一条重要线索。借鉴世界名河的案例经验，打造珠江景观带中段黄金岸线地区，将珠江两岸的文化遗迹遗址和现代商贸设施进行有序串联和展示，通过珠江能够清晰品读广州不同历史时期的岸线变化和城市发展，能领略广州两千多年的商都历史和文化见证。一手抓两岸历史建筑、历史街区和文化遗产的保育活化；另一手抓现、当代都市文化和时尚文化的创新展示，将珠江两岸营造成以商贸为特色的历史文化实景立体博物馆。注意水陆并进，水上通道延伸陆地景点相互连通。珠江文化旅游的开发和建设不仅仅是水上及岸边

的景观及旅游，更要通过珠江作为一条连接通道，把陆上的文化遗产、景观，甚至商业网点连通起来，形成便捷的旅游网络。市民和游客可以通过水上通道，在欣赏珠江景观的同时，便利登陆并深入到城市的重要景区景点，进行更加丰富的体验。

2. 选定重点分区实施开发

珠江沿线拥有数量众多的景点，但大部分规模较小、等级不高、精品化不足，不适宜单独进行旅游开发。要通过文化主题的统合，使分散的文化旅游景点聚合起来，发挥规模效应。以珠江沿岸原有的历史文化遗产和景点为基本元素，选取部分片区作为珠江文化旅游的开发建设主重点。考虑到各分片区应具有相对深厚的文化内涵，尤其是与广州的文化底蕴有密切的关联的区域，能够展现出广州的悠久历史和丰富文化形象。同时，每个片区具有相对的独立特色和完整性，可以形成完整的步行旅游径或骑行旅游径，可供游人在半天时间充分游览体验，购物休闲。深入挖掘每个片区的文化内涵，甚至提出独具特色的口号。各个重点片区还可以通过与水路便捷连通并可以向内陆延伸，将各个片区有效连接起来。同时，每个片区也与周边更深远的陆上设施连接，既可以逐个片区游览，也可以从每个片区转移深入到城市内部。根据以上要求，初步设计10个重点片区。珠江就像项链串起十颗明珠，通过这些明珠阅览珠江景观，品读广州两千年的历史和文化。

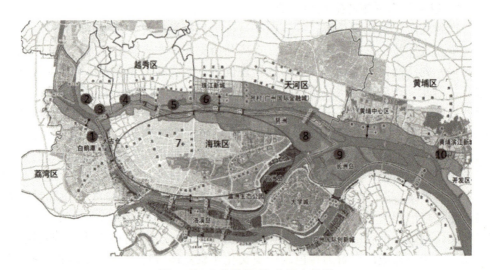

图　珠江文化旅游10个重点片区

表6 珠江景观带中段重点片区内容

序号	名称	内容
1	江岸创意仓	将珠江后航道荔湾区沿江路段的仓库群连片开发，与周边文化遗产相结合，形成文化创意产业集聚区，包装策划为广州的"左岸"
2	西关人家屋	改造荔湾区旧城区珠江北岸地区的工厂码头和市场，并与荔湾湖、荔枝湾涌以及旧城区形成有效联接，塑造展现西关人家岭南独特风貌的景观带
3	欧陆风情岛	保护沙面历史建筑群的基础上，改善交通条件，增加文化旅游设施和服务，便利步行游览，形成具有异国风情的文化旅游街区
4	魅力广府路	以沿江西路为基础适当延伸，结合民间金融街建设改造历史建筑，并与北京路形成联接，打造广府商贸历史文化典型景观带
5	典雅艺术岛	以星海音乐厅、广东美术馆以及筹建中音乐博物馆园区为核心，丰富艺术内涵，策划更多的艺术活动，打造艺术之岛
6	活力都市轴	以新中轴线为依托，展示广州大都市的活力，与珠江形成黄金交叉，水陆相互转化
7	江上明珠环	连通海珠环岛路，形成步行与骑行的便利通道，串联沿岸文化景点和设施
8	海丝始发港	以黄埔古港和古村为核心，发掘黄埔古港作为海上丝绸之路始发港的深厚文化内涵
9	风云英雄校	继续提升黄埔军校品牌，整合长洲岛丰富文化资源进行统筹策划，形成合力
10	千年海神庙	以南海神庙为核心，围绕海上丝绸之路主题建设南海神庙文化旅游景区

3. 策划文化旅游相关活动

在开发建设各个重点片区的基础上，积极设计文化旅游线路。根据珠江景观带的重点片区分布，设计相应的文化旅游线路，充分利用水上巴士、珠江游船和码头，结合《广州珠江游深度开发总体规划》，合理编排运行航线，适当增加往来旅游景点之间的轮渡。根据条件建设和改造客运码头,升级改造大沙头游船码头,挖掘乐士文飞机、羊城三石、海印阁等元素,提升珠江两岸景观的文化品位,逐步实现水岸联动经营;升级改造电视塔亚运巡游临时码头,改善游船停靠设施,与大沙头、海心沙等码头水陆联运经营。发行一日内多次搭乘的通票,鼓励游客搭乘水上巴士前往各珠江沿岸文化旅游景点。在部分景点如白鹅潭芳村珠江西岸、海珠珠江东岸以及荔湾珠江北岸之间可以设置小环线,方便游客利用水路串联珠江沿岸的重要文化景点。

4. 围绕文化旅游打造文化活动品牌

围绕珠江沿岸文化场所积极策划组织文化活动,扶持已有文化活动做大规模扩大影响,形成珠江景观带的文化活动品牌。由团省委、省青联等单位主办的"亲青创意沙面街"广东青年文化创意市集定期在沙面大街举行,成为广州乃至珠三角文化创意爱好者的聚集地,邀请更多知名文创业者参与,进一步提升沙面创意市集的档次。"二沙岛户外音乐季"已成为二沙岛上与音乐密切联系的文化活动,要继续秉承文化惠民、雅俗同乐的精神理念,根据场地条件适当扩大规模,拓宽受惠民众辐射面,鼓励各种不同风格和特色音乐团体进行表演。波罗诞庙会与广州民俗文化节、岭南民俗文化节联合举行,受到越来越多年轻人的欢迎,继续发扬民俗文化特色,丰富庙会活动内容,尤其是增强时代特色,吸引更多的年轻人关注民俗文化和非物质文化遗产。每两年一届的广州国际城市创新奖是广州对境外推介城市文化形象的重大平台活动,其间以主题推荐会、展览宣传和案例分析等多种多样的形式,向参会的城市及地区,国际组织,使馆、领事馆大力宣传"珠江两岸三带"的文化旅游发展建设情况,对广州城市文化形象的国际知名度提升意义重大。

五、推进文化融合带动作用的保障措施

(一)加强组织领导和宏观统筹规划

文化发展在经济社会发展中的融合带动作用越来越明显,推动文化及文化产业发展也不仅仅是宣传文化部门内部的工作,有必要从组织领导层面加强对文化以及文化与其他领域融合发展工作的统筹协调。国内重点城市纷纷成立文化产业领域的领导小组和产业促进中心,如北京市2006年就成立了文化创意产业领导小组,由市委书记担任组长,市长担任常务副组长,领导小组办公室日常工作由

宣传部负责，下设文化创意产业促进中心，作为从事推动北京市文化创意产业发展的常设机构，同时还外设专家指导委员会。广州也应从文化发展的宏观大局出发，参考借鉴兄弟城市的经验，成立统筹协调文化及产业发展的工作领导小组，以宣传文化、发改、商务、旅游等部门为成员，共同会商决定文化融合引领发展中的重大事项。并以产业促进中心的形式，具体承担促进文化产业与其他产业融合引领发展的具体工作。

（二）制定政策切实鼓励和引导

继续加强政策引导，建议以市委、市政府的名义召开全市文化产业发展工作会议，出台快发展文化产业的决定，协调有关部门切实支持文化产业发展。积极贯彻国家的指导意见，学习兄弟城市的实践经验，研究出台《广州市推动文化产业与相关产业融合发展的实施意见》，并围绕发展中的问题制定具体的配套具体实施办法及行动计划，切实将推动文化融合引领发展的政策意见贯彻落实到各项具体工作中。

（三）建设文化融合带动发展的公共服务平台

鉴于文化融合引领发展涉及的领域众多，从职能部门而言需要跨部门的配合与协作，从产业领域而言需要跨行业的沟通与协调，因此，建设文化产业融合引领的公共服务平台显得很有必要。在这方面国内有的城市已经开展了良好的实践，如南京文化产业协会主办的"创意南京文化产业融合公共服务平台"，以"面向企业，需求导向；系统设计，模块组合；政府引导，主体多元；专业运营，融合开放"为原则，服务于全市1.7万多家文化企业，提供了一个专业、公共的平台，面向各个行业提供信息资讯、企业资源、公共技术、创意研发、金融服务、项目对接、人力资源、行业协作、资金申报、产权交易、展会交流、产业咨询等方面的信息和服务。广州目前还没有专门的文化产业网，应当学习借鉴各地经验，以服务广大企业目的，整合文化部门和其他职能部门的相关服务，建设专业性的公共服务平台，争取实现用户"一门式进入，一站式服务"，为促进文化融合引领发展提供重要的支撑。

（四）鼓励文化智库提供决策咨询服务

在当前加强新型智库建设，完善决策科学化的大背景下，一个城市文化领域的智库数量以及智库对实际工作发挥的作用，也从一个侧面反映这个城市文化发展的水平。例如北京利用高校科研机构众多的优势，在多所高校内都成立了专门的机构进行文化创意产业的研究，如北京大学文化产业研究院、中国传媒大学文化创意产业发展研究中心、北京工业大学首都文化创意产业研究中心等。广州要加强文化领域的研究工作，鼓励高校和科研机构建立文化及产业的智库，形成文化智库网络，为文化产业发展提供决策咨询服务。持续开展中央文化体制改革政策导向、各地文化体制改革经验和广州文化体制改革进程的研究，既对广州文化体制改革持续的纵向发展成果进行跟踪研究，也对其他重点城市的文化体制改革发展情况进行横向比较，发现问题、寻找差距、借鉴经验、研究对策，为市委、市政府及主管部门全面客观、及时把握改革发展现状和趋势，并作出科学决策提供参考意见。

（课题组成员：柳立子、伍庆、贾云平、梁礼宏、陶乃韩）